NOTA DEL EDITOR

Estos volúmenes del archivo José Azcona Hoyo de la Colección Merendón nacen del material documental que dejó su titular al fallecer. Hubiese sido su voluntad que esta información fuese compartida con todas las personas que desearan acceder a la misma. La documentación incluye un registro de publicaciones periódicas contemporáneas con los hechos y otros documentos anexos. El que hoy hacemos llegar a manos del pueblo hondureño es su informe presidencial de 1988, pero también publicaremos documentos anteriores y posteriores a esta fecha.

El cuidado y divulgación de documentos históricos tiene dos componentes importantes. El primero, y condición necesaria para el segundo, es la conservación de la información para su posterior uso. La función primaria se ha logrado durante las décadas que este archivo ha estado bajo custodia de la señora Miriam Bocock de Azcona, y se espera lograr darle un hogar definitivo permanente.

La segunda función se cumple con la publicación de este archivo. El mismo se ha organizado, capturado digitalmente, convertido a texto, editado y publicado de una manera sistemática. La intención es que el mismo sea de libre acceso a un costo económico bajo para quienes deseen conocer mejor este importante periodo de la historia de Honduras.

Adicionalmente, que sirva de fuente para investigadores que se interesen en los temas cubiertos por el mismo. Un complemento importante es que se pretende tener estas obras en una edición disponible de forma permanente, para garantizar el acceso al mismo a futuro.

Hemos cuidado de hacer una edición para garantizar que no haya errores, y una facilidad de búsqueda, pero no se ha excluido ningún elemento. La intención no es distorsionar el archivo para favorecer o perjudicar imágenes, sino conservarlo y compartirlo en forma íntegra.

Agradecemos a Alberto López (organización y digitalización inicial), Andrea Handal (administración inicial), Mirka Betanco (administración actual), Oscar Flores (edición actual), Violeta Vasilopoulou (coordinación de conversión), David Ruiz (conversión), Andy Zeron (conversión) y Juan Carlos Pagoaga (Artes y publicación).

Jose S. Azcona B.
Septiembre 2022

INFORME DEL EXCELENTÍSIMO SEÑOR
PRESIDENTE CONSTITUCIONAL DE LA REPÚBLICA
JOSÉ AZCONA H.
AL SOBERANO CONGRESO NACIONAL

TEGUCIGALPA, HONDURAS
1988

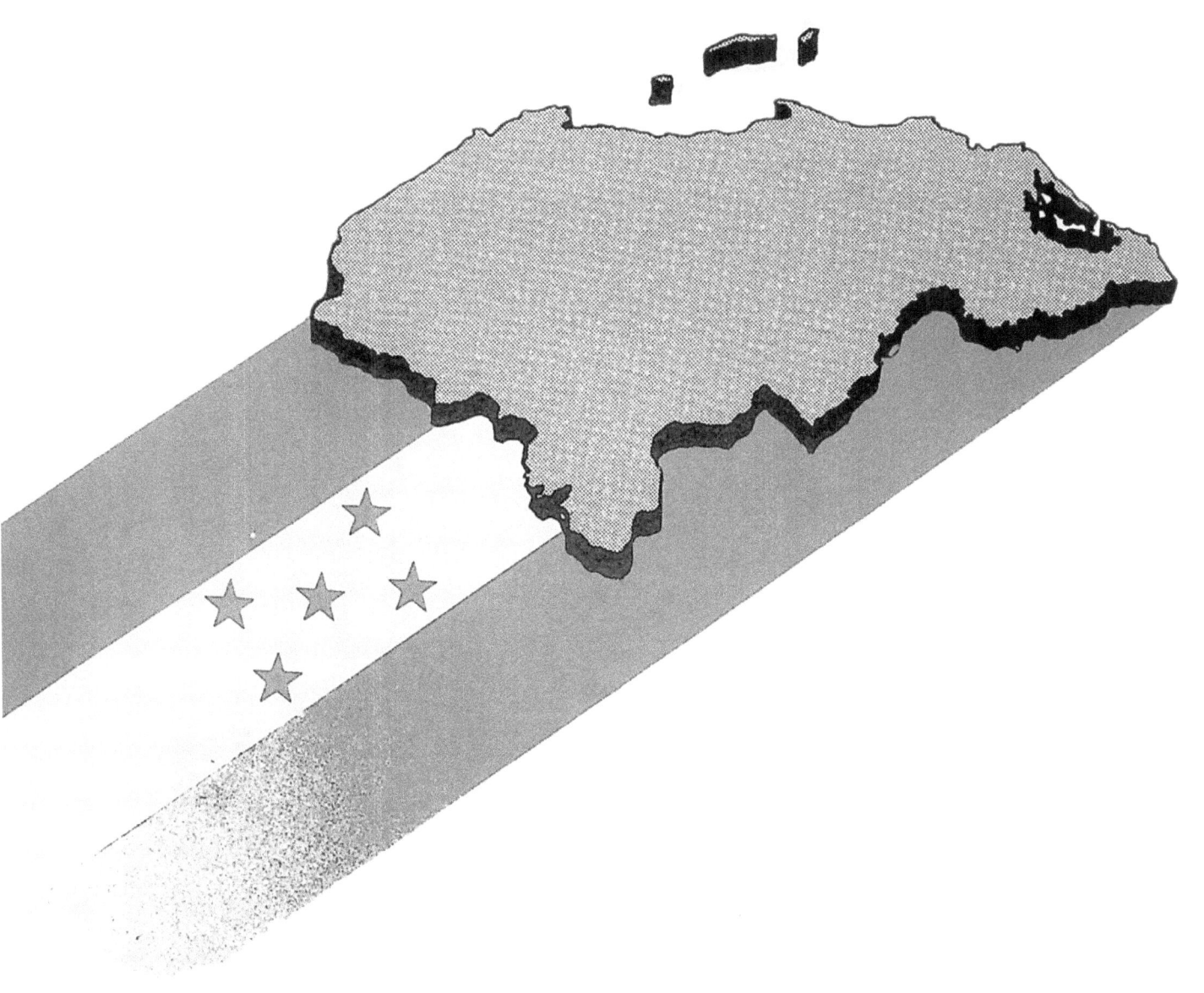

INFORME PRESIDENCIAL
1988
Presidencia de la República
Tegucigalpa, Honduras

ING. JOSE AZCONA H.
PRESIDENTE CONSTITUCIONAL DE LA REPÚBLICA
IFORME DEL PRESIDENTE CONSTITUCIONAL DE LA REPÚBLICA
ING. JOSÉ AZCONA H. AL CONGRESO NACIONAL

SOBRE LAS LABORES DESARROLLADAS
DURANTE SU TERCER AÑO DE GOBIERNO

INFORME PRESIDENCIAL 1988

SEÑOR PRESIDENTE DEL CONGRESO NACIONAL;

SEÑOR PRESIDENTE DE LA CORTE SUPREMA DE JUSTICIA;

SEÑORES DESIGNADOS A LA PRESIDENCIA DE LA REPÚBLICA;

SEÑOR COMANDANTE EN JEFE DE LAS FUERZAS ARMADAS;

SEÑORES DIPUTADOS;

SEÑORES MIEMBROS DEL GABINETE DE GOBIERNO;

SEÑORES MAGISTRADOS;

EXCELENTÍSIMOS SEÑORES EMBAJADORES Y JEFES DE MISIONES DIPLOMÁTICAS ACREDITADAS ANTE EL GOBIERNO DE LA REPÚBLICA;

HONORABLES MIEMBROS DEL CONSEJO SUPERIOR DE LA DEFENSA;

SEÑORES DIRECTORES, GERENTES Y PRESIDENTES DE INSTITUCIONES DESCENTRALIZADAS;

Señoras y señores:

Al asumir el poder del Estado hace tres años, nos propusimos conseguir ciertos objetivos que consideramos fundamentales para la buena marcha de la República. Se trataba, y se trata aún, de consolidar el Estado de Derecho iniciado en 1980, y de promover una estructura económica basada en la distribución más racional, tanto del trabajo como de los bienes de la producción, para que el pueblo hondureño pudiese tener un camino de acceso a la superación, con sus propios esfuerzos, pero facilitándole, desde el Estado, las oportunidades que fuesen posibles y necesarias.

Pensábamos entonces, y lo ratificamos ahora, que, además, para mantener la estabilidad política del país, sin abusos y sin angustias, era indispensable mantener las relaciones sociales fundadas en el derecho que tienen los pueblos, de vivir con dignidad, mediante la satisfacción de sus necesidades vitales, mínimas y básicas, individuales y colectivas.

Pensamos en el pueblo hondureño como individuo, como familia y como colectividad. En los tres casos estamos basando nuestras actuaciones creyendo que el modelo democrático de desarrollo histórico es el más adecuado y el más factible para conseguir esos objetivos, cuyos alcances, referidos en conceptos elementales, consisten en proporcionar a las comunidades los medios idóneos para que puedan labrarse su propio bienestar.

Tenemos fe en la democracia como el mejor instrumento político para impulsar el desarrollo de los pueblos, lo que ha determinado que la defensa, el fortalecimiento y la promoción del sistema democrático sea una constante ideológica y política de nuestro gobierno, porque, en nuestro concepto, la democracia abarca o debe abarcar una dimensión múltiple y no únicamente la dimensión política, pues todo el englobe social, así como la economía y la cultura, son aspectos que la democracia debe tocar y desarrollar para que el avance de los pueblos al progreso sea efectivo.

Reconocemos que el despegue de la democracia es puramente político. Las elecciones, el voto popular, la alternabilidad en el poder, así como las relaciones armónicas entre los gobernados y los gobernantes, tipifican, sin duda, el sistema democrático, pero no lo perfeccionan; la satisfacción de las necesidades vitales, como la vivienda, la salud, el trabajo, la educación y la cultura, son los aditamentos que finalmente confieren a la democracia un perfil justo, razonable y humano. Por eso es indispensable seguir trabajando en la búsqueda de un modelo económico que supla esas necesidades, sin menoscabo de los derechos y las libertades.

Nuestros esfuerzos básicos han estado dirigidos en ese sentido. Nuestra promoción de la democracia política y nuestro respeto por ella, son hechos cotidianos en la vida de la República.

Todos los derechos y las libertades establecidas en la Constitución, así como otros fueros y principios sugeridos por el sano juicio, merecen el respeto y el reconocimiento de nuestro gobierno, que se inspira en los ideales republicanos sustentados por aquellos que construyeron la República.

Pero también nuestros esfuerzos están encaminados hacia la búsqueda de soluciones económicas y sociales que le den dignidad a la nación. Creemos, en principio, que los beneficios económicos deben ser compartidos, no solo por los sectores que producen sino por todos aquellos que forman la nacionalidad.

La idea de la democracia económica no solo es justa sino indispensable para estabilizar políticamente la sociedad; pensando en ello, nuestro gobierno ha puesto en práctica medidas apropiadas para sostener el crecimiento económico y, sobre todo, para crear las estructuras que faciliten la inversión de capital en nuevos rubros de la reproducción, así como en la ampliación de nuestros aparatos productivos. Esas estructuras abarcan las comunicaciones, la electrificación, la formación educativa, el proceso agrario, la salud, la tecnología rural, la promoción de actividades no tradicionales y otros aspectos laterales y colaterales, que integran la base de la estructura económica de los países.

El hecho de ser un país en vías de desarrollo hace perentorio establecer un cierto control sobre las actividades económicas. En el estado actual de desarrollo de nuestro país, preponderantemente dependiente y no competitivo, el establecimiento de una libertad económica sin restricciones, no solo estaría propensa a provocar situaciones de abusos o desbordamientos con relación a los sectores laborales y a los consumidores, sino que, además, podría incidir negativamente en otros aspectos sensibles de la vida nacional. Esos son peligros que pueden existir en la realidad y que son capaces de deformar el equilibrio social que, más o menos, se observa en el país como efecto del entendimiento entre los sectores sociales.

El simple lucro como objetivo de la libertad económica no es justificable frente a una democracia que pretende ser participativa y pluralista. La libertad económica o empresarial, que se basa en la iniciativa privada, solo es admisible cuando, además de sus fines particulares, cumple una función social en beneficio de la comunidad.

Conocemos, sin embargo, el esfuerzo y el riesgo que para los empresarios significan las actividades de la producción. Eso, sin duda, merece una justa recompensa.

Por ello, mi gobierno tiene la mejor disposición para buscar, ha buscado y seguirá buscando, las fórmulas económicas y financieras más eficaces y justas para todos. Queremos que nuestros empresarios se sientan seguros, plenamente garantizados en sus esfuerzos productivos y creativos. Esta ha sido, y sigue siendo, una parte fundamental de nuestra política de desarrollo económico y, por lo tanto, no escatimamos ninguna iniciativa encaminada a fortalecer el dialogo y el entendimiento con la empresa privada.

Comprendemos, además, los problemas y las necesidades que enfrentan los sectores obreros y campesinos que participan en la producción. En ese sentido, nuestra política social está dirigida a procurar beneficios a los trabajadores para que puedan mejorar el nivel de vida y las condiciones de trabajo. Hemos incorporado a una gran parte de los empleados públicos por planilla al régimen del servicio civil. Se está integrando la comisión para el estudio del salario mínimo y se atiende el proceso de la reforma agraria con asistencia crediticia y otros aspectos inherentes al desarrollo agrario.

En definitiva, estamos atentos a las inquietudes que plantean las organizaciones sociales para estudiarlas en un marco de razonabilidad, entendimiento y justicia.
Es oportuno señalar que nuestro país nunca ha sobreabundado en los bienes y en los servicios exigidos por el bienestar más elemental. Históricamente, nuestro desarrollo ha sido muy relativo y poco diversificado; de modo que las grandes mayorías de la población no han podido satisfacer las necesidades sociales inherentes a la dignidad humana. Por eso damos la apariencia de vivir en una crisis permanente. Sería erróneo, sin embargo, desestimar los grandes esfuerzos que se han hecho, especialmente en los últimos años, para desestabilizar el atraso e impulsar, em cambio, el progreso. Se han hecho esfuerzos y se han obtenido logros muy significativos en todos los campos del mejoramiento y la superación.

No obstante, lo expresado, han sido y son problemas de permanente preocupación para mi gobierno, el déficit fiscal y la deficitaria balanza de pagos.

Estamos conscientes de que el déficit fiscal es una pesada carga para nuestra economía. Gran parte de este déficit se debe a la satisfacción de necesidades sociales y compromisos con determinados sectores, a transferencias para obras de infraestructura solicitadas por el Poder Ejecutivo y aprobadas por el Poder Legislativo, así como a la presión sobre el gasto del Gobierno originado por el pago de deudas por cuenta de instituciones descentralizadas del Estado e incluso organizaciones y empresas privadas, que no han podido cumplir compromisos avalados por el Estado; a todo esto hay que agregar el agobiante peso del servicio de la deuda pública gubernamental.

Mi gobierno ha aplicado una política fiscal con énfasis en la reducción del gasto y en el mejoramiento en la captación de los ingresos corrientes con la finalidad fundamental de reducir el déficit.

Durante todos estos años hemos implementado una política de verdadera y real austeridad.

En 1988, el Poder Ejecutivo emitió el decreto 387-C, mediante el cual los ministros, gerentes y directores de instituciones descentralizadas se obligaron a reducir el gasto corriente. Esta medida permitió al sector público tener un ahorro de 47.3 millones de lempiras sobre el presupuesto aprobado.

Por otro lado, como resultado de los programas para mejorar la recaudación de los impuestos, esta aumentó en más de 90.6 millones de lempiras con respecto al año anterior.

En lo atinente a la deuda externa, los tres años de mi gobierno han sido difíciles por cuanto los flujos con los organismos financieros internacionales han sido negativos para nuestro país.

Solo al Fondo Monetario Internacional y al Banco Mundial les hemos pagado más de 340 millones de dólares en estos tres años.

Nos hemos convertido en exportadores netos de capital, lo cual constituye una carga tremendamente pesada para la economía nacional.

Tenemos que destinar anualmente más del 30% del valor de nuestras exportaciones para el servicio de la deuda. Estos factores han hecho que aumente la escasez de divisas.

A fin de garantizar y mantener la estabilidad cambiaria de nuestra moneda frente al dólar, hemos tomado una serie de medidas de ajuste en nuestra política monetaria: mantener el lempira sin devaluar es y seguirá siendo una invariable posición de mi gobierno.

Hemos logrado un acuerdo con el Banco Mundial, por el cual dicho banco proveerá a nuestro país, en su primera fase, un financiamiento por el monto de 50 millones de dólares. Este préstamo es exclusivamente para ajuste estructural. Nuestra meta es cambiar el signo del flujo con este banco.

Hemos mantenido negociaciones con el Fondo Monetario Internacional. Esperamos suscribir un convenio con dicho organismo en los próximos meses de este año.

Mi gobierno hace esfuerzos serios para lograr una renegociación de nuestra deuda externa, así como la obtención de recursos frescos que nos permitan acelerar nuestro desarrollo.

A pesar de estos problemas en los años que nos ha tocado gobernar, hemos logrado mantener nuestro modelo de estabilidad financiera y crecimiento económico paralelo. Podemos decir que las metas que nos hemos trazado se han venido cumpliendo.

Me place informar que, en 1988, el producto nacional creció en un 4%. El déficit se redujo de 6.9% a 6.3% en relación a la producción. Las exportaciones aumentaron en un 14.3% y las exportaciones de productos no tradicionales aumentaron en un 12%.

La inflación se situó en un 5%. Nos preocupa que la inflación haya aumentado en 1988, no obstante, de seguir siendo la más baja de toda América latina.

Durante el año 1988 mi gobierno ha suscrito con gobiernos amigos y organismos internacionales convenios de préstamo y de donación por un monto de 807 millones de lempiras, los que serán destinados a proyectos de desarrollo económico y social. A los gobiernos y organismos financieros internacionales que nos han brindado su ayuda a través de estas donaciones y préstamos, deseo expresarles mi reconocimiento y agradecimiento.

Señores diputados:

Aun cuando les estamos entregando, en este acto, un informe pormenorizado de las principales obras y realizaciones efectuadas por el Poder Ejecutivo en el año de 1988, queremos resaltar que, siendo consecuentes con nuestro pensamiento, hemos dado un fuerte impulso a la educación como arma fundamental para lograr el desarrollo de nuestra patria. Hemos mantenido un crecimiento constante en el presupuesto de educación, que es el más alto en relación a los presupuestos de las demás dependencias gubernamentales.

Fruto de este esfuerzo lo constituye el aumento en todos los campos educativos. En 1988 se crearon 1,519 plazas para maestros de educación primaria y de educación secundaria. Se atendieron 851,526 alumnos en el nivel primario y 272,094 en el secundario. Se construyeron para ambos niveles 907 aulas.

Se repararon 153 edificios de educación primaria y de educación media. El presupuesto del Ministerio de Educación para 1988 sobrepasó la cifra de L. 417 millones, que representa más del 24% del presupuesto de las demás secretarías de Estado conjuntamente. Asimismo, han sido muchos los logros alcanzados en el ramo de la salud, pero queremos resaltar la iniciación de los trabajos de construcción de la represa Concepción, la que una vez terminada solucionará el problema de abastecimiento de agua en la ciudad capital para los próximos treinta años.

En materia de política exterior, ha sido tarea fundamental de este gobierno el mantenimiento de la paz en Centroamérica.

La paz es condición fundamental para garantizar el desarrollo económico y social de nuestros pueblos.

Consecuente con estos principios, mi gobierno ha intensificado la actividad diplomática, buscando garantizar la paz, no solo en nuestras fronteras, sino en toda Centroamérica. En este sentido, cabe destacar la propuesta hecha por nuestro país ante la Asamblea General de la Organización de las Naciones Unidas para que una fuerza internacional resguarde nuestros territorios fronterizos de incursiones de insurgentes extranjeros y de violaciones a nuestra soberanía por ejércitos vecinos.

Hemos continuado nuestra política de propiciar el diálogo y recurrir siempre a los procedimientos que establece el derecho internacional para resolver los conflictos del área centroamericana. Como es del conocimiento del pueblo hondureño en el juicio preliminar sobre jurisdicción y admisibilidad de la demanda de Nicaragua contra Honduras. La Corte Internacional de Justicia se declaró competente para conocer de esta demanda y, en tal virtud, la admitió. En estos momentos nos encontramos examinando esta nueva situación para determinar futuras actuaciones, tanto en relación a la Corte Internacional de la Haya, como en el marco del procedimiento de Esquipulas II.

Hemos estado y seguiremos estando abiertos al diálogo, somos amantes de la paz y tenemos fe en los valores de la democracia y de la libertad.

Nuestro país mantiene la propuesta de internacionalizar las fronteras con los países vecinos, y seguirá concurriendo a los diferentes foros que puedan conducirnos a garantizar una paz justa y duradera en el área centroamericana.

Es de destacar la designación hecha a Honduras como sede de la quinta reunión de ministros de relaciones exteriores de los países de la comunidad económica europea, Centroamérica y el Grupo de Contadora, que se llevará a cabo en la ciudad de San Pedro Sula durante el mes de febrero de 1989.

Señores diputados:

Empezamos el último año de mi gobierno, y debemos esforzarnos, y así lo haremos, para culminar muchas de las obras y programas iniciados, pero, además, procuraremos dejarle al ciudadano que nos suceda en la presidencia de la República, nuevos proyectos y programas para que el futuro gobierno continué sin dilación alguna, trabajando por el progreso de Honduras. Entre estos proyectos se impulsarán los que este Congreso Nacional estipuló como prioritarios en el decreto No. 152-88 del presupuesto de ingresos y egresos de la República para 1989.

También, en nuestro último año de gobierno, continuaremos aplicando todas las medidas necesarias para reducir el déficit fiscal, conteniendo el gasto corriente y procurando el incremento de los ingresos en base a mejoramiento administrativo.

Honorables representantes del pueblo: La ocasión es propicia para desearles éxitos en las tareas que la nación les ha confiado y espero que la labor a realizar en esta cuarta legislatura sea del mayor beneficio para Honduras.
Ofrezco a ustedes toda la colaboración del Poder Ejecutivo en el propósito común de transformar y enaltecer la patria, asimismo, espero la colaboración de este congreso para el mejor desempeño de las labores que tenemos que realizar en procura del mejoramiento del pueblo hondureño.

Muchas gracias.

IMPORTANTES LOGROS EN MATERIA ECONÓMICA

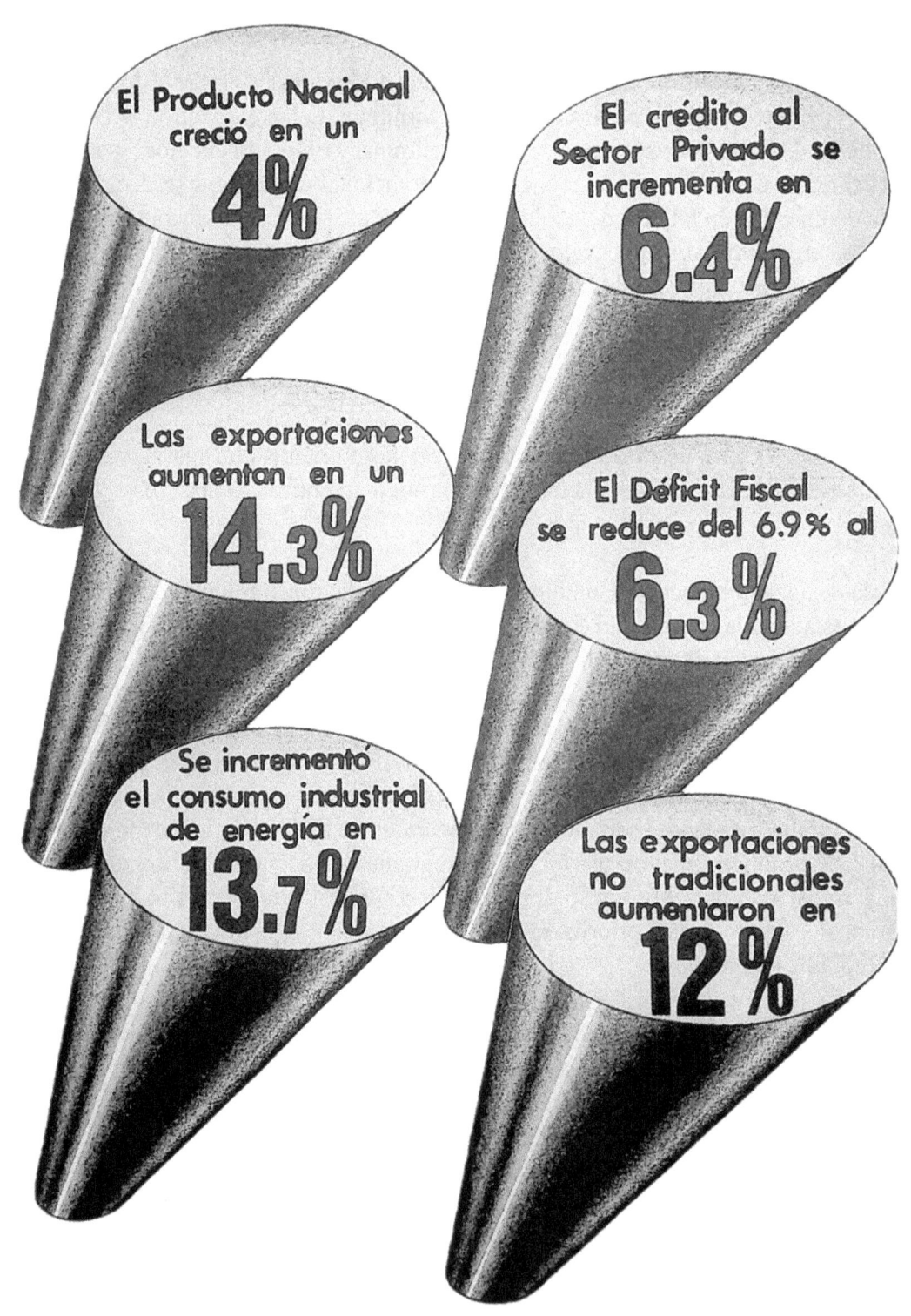

SECRETARÍA DE ECONOMÍA Y COMERCIO

La secretaría de Economía y Comercio ha desarrollado sus actividades con el propósito de apoyar la recuperación de la inversión en el sector privado productor de bienes y servicios; el incremento y diversificación de las exportaciones y la atracción de la inversión extranjera.

1. Fomento de las exportaciones e inversiones

Es así como en 1988 se evidenció una fuerte recuperación en el valor de las exportaciones pasando de 1,616.1 millones a una estimación de 1,846 millones de lempiras, significando en términos relativos un incremento aproximado de 14% con relación al año anterior, a pesar de haberse observado un decremento en las exportaciones de café, mismas que serán reactivadas en el mes de enero de 1989.

El crecimiento de las exportaciones está sustentado básicamente en el incremento de las exportaciones del banano (8% a pesar de los huracanes y la huelga, lo que redundó en 6 millones de cajas menos), plata, plomo y zinc (60%) y otros productos no tradicionales (12%), los cuales han sido apoyados con incentivos por parte del Gobierno al sector exportador mediante leyes como la de Fomento de las Exportaciones, Importación Temporal, además del nuevo incentivo del Certificado de Opción de Divisas por Exportación (Cetras).

A nivel interno, operativamente, esta secretaría ha tenido los logros más importantes siguientes:

1.1 Aplicación de incentivos

i. **Régimen de Importación Temporal.** Se han incorporado al régimen un total de 34 empresas, de las cuales el 54.6% corresponde a productos no tradicionales, 45.3% a productos tradicionales y 0.1% a servicios para exportación.

ii. **Ley de Fomento a las Exportaciones.** En el periodo se han acogido a esta ley 53 empresas, dedicadas a la exportación de productos no tradicionales.

iii. **Zonas Industriales de Procesamiento para la Exportación (ZIP).** Se han acogido a este régimen dos sociedades operadoras para instalar en la zona norte del país dos parques industriales con una inversión proyectada de Lps. 67,888,500 y la generación de 13,959 empleos en un periodo de 10 años.

1.2 Promoción de exportaciones e inversiones

Creación del Centro de Cómputo y adquisición del equipo y programas necesarios para procesar información comercial, atender inversionistas exportadores nacionales y extranjeros.

Atención de un promedio de 355 usuarios internos y externos que demandaron información sobre productos, mercados y procedimientos para concretizar inversiones y exportaciones.

Capacitación de 584 personas del sector público y privado en materias de promoción de exportaciones e inversiones, control de calidad, investigación de mercados, política comercial, mercadeo internacional, informática comercial, etc.

Formación y funcionamiento de comités de productores y exportadores atendidos por un sectorialista cada uno, así: camarón, artículos de madera, confección, melón, puros, flores y plantas ornamentales; con el propósito fundamental de promover la producción y exportación.

Celebración del primer seminario taller con el servicio comercial de los Estados Unidos y del primer "Encuentro Comercial Externo", con la participación de 25 agregados comerciales acreditados en los diferentes países del mundo.

La Ventanilla Única de Trámites a la Exportación (CENTREX) inició y desarrolló sus operaciones en 1988 con la categoría de una dirección de esta secretaría de Estado. Esta decisión ha permitido dar mayor amplitud al servicio prestado a los exportadores.

En el periodo se autorizaron 5,257 certificados de origen, 4,275 renovaciones y extensiones de carnés de importador y exportador. Se autorizaron 4,875 permisos de exportación con un valor FOB de 323.5 millones de lempiras.

2. Aplicación de incentivos para la substitución de importaciones

En la aplicación de las leyes que estructuran el modelo de substitución de importaciones, se ha acogido a los beneficios de las mismas, 47 nuevas empresas y 2 empresas existentes.

3. Integración económica y política comercial externa

Se determinó la conveniencia de continuar en el esquema bilateral de comercio con los países del istmo, en base a la realización de estudios y análisis cuantitativos y cualitativos de las relaciones comerciales amparadas en los convenios bilaterales de comercio, suscritos con Centroamérica y Panamá.

Se revisaron todos los convenios bilaterales de comercio suscritos con Centroamérica para realizar la conversión de NAUCA I a NAUCA II de los productos incluidos en dichos convenios.

Se creó la Comisión Nacional de Política Comercial Externa, integrada por miembros del sector público y privado, con las funciones de coordinar la política comercial externa, participando en las negociaciones comerciales bilaterales y multilaterales.

4. Protección al consumidor

Se elaboró el Anteproyecto de Ley del Consumidor, el cual se encuentra en su tercer debate en el Congreso Nacional.

Se elaboró el Marco Legal de la Comisión Interinstitucional de Normalización y Verificación de la Calidad.

Se organizaron 9 cadenas nuevas de detallistas en los barrios y colonias de Tegucigalpa, asegurándoles abastecimiento por parte de las compañías distribuidoras a precios oficiales.

Organización de 4 nuevas ferias agropecuarias y artesanales.

Inspección de 14,827 establecimientos para control de precios.

SECRETARÍA DE HACIENDA Y CRÉDITO PÚBLICO

Durante 1988, la secretaría de Hacienda y Crédito Público continuó con los esfuerzos iniciados en 1986, encaminados a asegurar una eficiente y sana gestión de las finanzas públicas, en el marco de la política económica general y el programa económico de Gobierno, que tiene como objetivo principal lograr un crecimiento económico paralelo con la preservación de la estabilidad financiera.

FINANZAS DEL GOBIERNO CENTRAL

La política fiscal que el Gobierno siguió en 1988, continuó enfatizando en las medidas de control del gasto y en el mejoramiento de la captación de los ingresos corrientes. Todo con la finalidad de que el nivel del déficit fiscal se mantuviera dentro de límites manejables y congruentes con los objetivos de la política económica general del Gobierno. En 1988 la relación Déficit Neto/Producto Interno Bruto (PIB) se situó en 6.3%, porcentaje inferior al de 1987 que representó el 6.9%, cumpliendo así los márgenes establecidos en el Convenio de Ajuste Estructural firmado entre el Gobierno de Honduras y el Banco Mundial. El déficit se financió en un mayor porcentaje con recursos internos proveniente de: el sistema bancario, instituciones descentralizadas del Estado y el público en general.

DISTRIBUCIÓN DE LOS INGRESOS CORRIENTES POR GRUPO DE IMPUESTOS (Millones de lempiras)			
	1986	1987	1988 */
INGRESOS CORRIENTES	1,151.7	1,290.4	1,381
TRIBUTARIOS	997.1	1,116.8	1,184.6
Impuesto sobre Renta	250.2	298.3	342.7
Impuesto sobre Producción, Consumo y Ventas	289.8	316.6	349.6
Impuesto sobre Servicios y Actividades Específicas	43.1	49.6	55.4
Impuesto sobre Importaciones	301.1	346.7	352
Impuestos sobre Exportaciones	103.4	94	71.4
Otros	9.5	11.6	13.5
NO TRIBUTARIOS	154.6	173.6	196.4
Servicios	16.1	14.8	15.5
Transferencias	18.5	18.3	17.7
Diferencial del Petróleo	90.3	110.5	125
Otros Ingresos no Tributarios	29.7	30	38.2

*/Estimación

Además de lo anterior, la secretaría, por medio de la Dirección General de Aduanas, puso en vigencia el nuevo Sistema Arancelario constituido por: el Arancel de Importación y Exportación, la Ley de Aduanas y la Ley de Valoración Aduanera de la Mercancía, instrumentos que fueron aprobados por el Congreso Nacional a finales de 1987.

RESUMEN DE OPERACIONES FINANCIERAS DEL GOBIERNO CENTRAL (Millones de lempiras)			
	1986	1987	1988 */
I. Ingresos Corrientes	1,151.7	1,290.4	1,381
II. Gastos Corrientes	1,332.1	1,485.6	1,562.9
III. Gastos de Capital	354	361.7	368.7
IV. Total de Gastos	1,686.1	1,847.3	1,931.6
V. Ingresos de Capital	6.5	-0-	-0-
VI. Déficit Neto y su financiamiento	527.9	556.9	550.6
Fondos Externos	282.6	234	264.6
Crédito Externo Neto	171.6	133.9	164.6
Transferencia del Exterior	110	100.1	100
Crédito Interno Neto	245	322.9	286

*/Estimación

GESTIÓN DE CRÉDITO EXTERNO Y DONACIONES

Durante el año de 1988, la secretaría de Hacienda y Crédito Público suscribió con gobiernos amigos y organismos internacionales varios convenios de préstamo y de donación por un monto de 807 millones de lempiras, recursos que serán destinados al financiamiento de diferentes proyectos de desarrollo económico y social, con lo que se apoya al crecimiento de la economía en el corto, mediano y largo plazo.

Los cuadros siguientes ilustran el destino de los recursos financieros provenientes de préstamos y convenios de donación suscritos durante 1988:

<table>
<tr><td colspan="3">DESTINO POR SECTORES ECONÓMICOS Y SOCIALES
DE LOS PRÉSTAMOS CONTRATADOS DURANTE 1988
(Millones de lempiras y porcientos)</td></tr>
<tr><td></td><td>Monto</td><td>%</td></tr>
<tr><td>Agrícola</td><td>76</td><td>15.3</td></tr>
<tr><td>Educación</td><td>2.4</td><td>0.5</td></tr>
<tr><td>Forestal</td><td>6.1</td><td>1.2</td></tr>
<tr><td>Salud</td><td>113.5</td><td>22.8</td></tr>
<tr><td>Urbanismo</td><td>3</td><td>0.6</td></tr>
<tr><td>Carreteras</td><td>153</td><td>30.8</td></tr>
<tr><td>Energía</td><td>10.9</td><td>2.2</td></tr>
<tr><td>Financiero</td><td>100</td><td>20.1</td></tr>
<tr><td>Desarrollo Social</td><td>24.2</td><td>4.9</td></tr>
<tr><td>Servicio de Exportación</td><td>8.4</td><td>1.6</td></tr>
<tr><td>TOTAL</td><td>497.5</td><td>100</td></tr>
</table>

<table>
<tr><td colspan="2">DESTINO POR SECTORES DE LAS DONACIONES
CONVENIDAS EN 1988
(Millones de lempiras)</td></tr>
<tr><td>Estabilización y Recuperación Económica</td><td>150</td></tr>
<tr><td>Agropecuario</td><td>19.3</td></tr>
<tr><td>Salud</td><td>18.5</td></tr>
<tr><td>Educación</td><td>40.2</td></tr>
<tr><td>Desarrollo Social</td><td>60.2</td></tr>
<tr><td>Forestal</td><td>1.3</td></tr>
<tr><td>Otros</td><td>20</td></tr>
<tr><td>TOTAL</td><td>309.5</td></tr>
</table>

En lo relativo a las negociaciones con organismos internacionales, el Gobierno de Honduras ha venido negociando con el Banco Mundial, Fondo Monetario Internacional (FMI) y la Agencia Internacional para el Desarrollo (AID), acuerdos básicos sobre la conducción de la economía durante 1988, extensivos a mediano y largo plazo. El objetivo central del Gobierno a corto plazo se centra en corregir los desequilibrios en el área fiscal y de balanza de pagos; las medidas se orientan a corregir las deficiencias estructurales de la economía. Las negociaciones se concentran en un programa de ajuste que contempla como objetivos y metas principales, desde el punto de vista fiscal:

- Incrementar el ahorro del sector público, para lo cual el Gobierno está ejecutando un programa de reducción en el gasto público tanto del Gobierno Central como de las instituciones descentralizadas.

- Reducir el déficit del sector público, aplicando para tal fin políticas de reducción del gasto y medidas de mejoramiento administrativo para incrementar la recaudación fiscal.

Como fruto de las negociaciones con los organismos ya señalados se tiene:

- Con fecha 20 de agosto del presente año, se firmó con la Agencia Internacional para el Desarrollo (AID) un convenio de donación denominado Programa de Estabilización y Recuperación Económica II, mediante el cual Honduras recibirá US$75 millones, a la fecha se han desembolsado US$65 millones.

  Con el Banco Mundial el día 30 de septiembre se firmó un convenio de préstamo por US$50 millones, el que será desembolsado en dos tramos de US$25 millones cada uno, de los cuales ya se realizó el primer desembolso.

  Entre el 5 y 6 de octubre de 1988 se celebró en la ciudad de París la primera reunión del grupo consultivo sobre Honduras, en la que la Delegación de Honduras expuso lo que el Gobierno ha acordado con el Banco Mundial.

SECRETARÍA DE COORDINACIÓN, PLANIFICACIÓN Y PRESUPUESTO

COORDINACIÓN DE LA POLÍTICA ECONÓMICA

El pago de los intereses y principal de la deuda externa, así como el bajo flujo de fondos de los proyectos de inversión en ejecución han constituido las principales fuentes de desequilibrio financiero externo; es así como, durante 1988, las actividades de Secplan conjuntamente con las de los demás miembros del Gabinete Económico, han estado orientadas a lograr convenios que garanticen un flujo favorable de capital externo en condiciones favorables. Por ello, el objetivo de las negociaciones no solamente ha sido el de revertir el flujo de capital sino también obtener capital adicional que coadyuve a la reactivación económica y al desarrollo del país. Adicionalmente, forma parte de la estrategia la reducción gradual del déficit del sector público consolidado, a efecto de reorientar la asignación de recursos de la economía, evitar un alza desmedida de los precios internos y presiones de balanza de pagos.

CONVENIO DE ESTABILIZACIÓN Y RECUPERACIÓN ECONÓMICA II

Durante los primeros meses del año, Secplan, conjuntamente con los miembros del Gabinete Económico, desarrollaron un paquete de políticas orientadas a lograr el máximo crecimiento de la economía y el empleo compatibles con una política cambiaria orientada a reformar el tipo de cambio. Asimismo, se diseñó un programa de medidas estructurales orientadas a racionalizar las operaciones del sector público; acrecentar la competitividad de las exportaciones; promover la inversión privada; y fortalecer la confianza de los agentes económicos en la economía del país.

Para la ejecución de este conjunto de políticas y medidas se logró el apoyo del Gobierno de los Estados Unidos de América mediante la suscripción de un convenio de asistencia financiera no reembolsable por la suma de 75 millones de dólares, el cual fue firmado el 20 de agosto de 1988.

PROGRAMA DE AJUSTE ESTRUCTURAL

La opción de política económica impulsada por Secplan en Gabinete Económico ha estado orientada a enfatizar ajustes estructurales para el desarrollo de mediano y largo plazo. Las deliberaciones se han centrado en la identificación de reformas al régimen comercial, las finanzas públicas, la administración financiera, el funcionamiento de las instituciones descentralizadas y la política agrícola.

Esta estrategia de desarrollo, enmarcada dentro de los lineamientos del Plan Nacional de Desarrollo, fue presentada y ampliamente discutida por el Señor Presidente y su Gabinete Económico con los diferentes agentes socioeconómicos del país, quienes manifestaron sus posiciones favorables. También, el Programa Económico de Gobierno fue presentado al Banco Mundial, personal del Fondo Monetario Internacional y la Agencia para el Desarrollo Internacional.

PROGRAMA DE INVERSIÓN PÚBLICA

En el Plan Nacional de Desarrollo 1987-1990, la inversión pública es considerada como una de las variables claves del crecimiento económico del país, por lo tanto, durante 1988, la secretaría de Planificación dedicó esfuerzos especiales para asegurar que los programas y proyectos de inversión del Gobierno respondan a los lineamientos de política de desarrollo.

Durante 1988, funcionarios de Secplan han venido revisando la congruencia del programa de inversión pública para los próximos años con la política de ajuste estructural seleccionada.

PRESUPUESTO DEL SECTOR PÚBLICO

En el marco de la política del Gobierno, durante 1988, el saneamiento de las finanzas públicas ha constituido un punto de atención focal. Acciones han sido desarrolladas para elevar la eficiencia de la asignación de recursos y su posterior gestión presupuestaria.

PRESUPUESTO GENERAL DE INGRESOS Y EGRESOS DE LA REPÚBLICA 1989

El año de 1988 constituye un periodo de particular importancia en materia presupuestaria al continuarse con la consolidación de las bases iniciadas en 1987 sobre los procesos de planificación-presupuesto iniciarse el camino hacia la consolidación de un presupuesto del sector público. Este conjunto de acciones permitirá conformar un instrumento de política con el cual no solo se logrará la asignación eficiente de recursos, sino también un mayor control de la gestión pública.

Para lograr el ajuste en las finanzas públicas, la política del Gobierno plasmada en el presupuesto enfatiza la reducción y racionalización del gasto e incrementos en los ingresos mediante mejoras en la administración tributaria. Ello permitirá incrementar el ahorro y reducir el déficit fiscal.

COMPORTAMIENTO DE LA COOPERACIÓN INTERNACIONAL 1988

La cooperación técnica internacional recibida a través de la gestión de Secplan durante el periodo fiscal de 1988 alcanzó un promedio de desembolsos de L.199 millones, con una clara concentración en tres sectores: agropecuario con un 26%; sociales, con el 38%; y apoyo a las actividades de desarrollo, con un 23%. Esta distribución resulta congruente con los lineamientos estratégicos del Plan Nacional de Desarrollo 1987-1990, orientadas a favorecer a los sectores productores y a los grupos más vulnerables.

La ayuda para el desarrollo ha permitido la ejecución de alrededor de 163 proyectos, que es la forma más importante que asume los recursos externos de cooperación técnica externa. Asimismo, durante el periodo se contó con la asistencia de expertos y voluntarios, y se atendieron múltiples misiones de programación y de estudios básicos, instancias fundamentales en la formulación de los futuros programas de cooperación.

En lo que respecta a los proyectos que aún están en proceso de negociación, la tendencia es mantener la importancia de los sectores mencionados.

Otro componente significativo de la cooperación internacional recibida durante el presente año, lo constituye la donación de ayuda alimentaria otorgada principalmente por la Comunidad Económica Europea (CEE), Francia, España, Alemania; habiéndose recibido un total de 18,650 toneladas métricas de alimentos equivalentes a L.11 millones.

El análisis general de la cooperación recibida concluye que la cooperación internacional ha sido provechosa, procurándose ejecutar en forma complementaria a la capacidad local existente, en busca de un desarrollo socioeconómico integral.

Otro apoyo internacional al país lo constituye la cooperación para la formación y capacitación de los recursos humanos, traducido en programas de becas de estudio, seminarios, simposios orientados a la formación general o especializada, y al perfeccionamiento y actualización de conocimientos técnicos y científicos. En el año 1988 se recibieron 357 ofrecimientos, 471 personas postularon a los mismos y se otorgaron por la fuente de cooperación internacional 233 becas.

Un rasgo significativo de la cooperación es la coincidencia entre la concentración de ofertas de becas y los sectores prioritarios del Gobierno, como son el sector agropecuario, el social y otras actividades de desarrollo.

Este componente de la cooperación internacional a través de la transferencia de conocimientos contribuye al aumento de la productividad nacional y al desarrollo económico y social del país.

CENSO DE POBLACIÓN Y VIVIENDA 1988

La Secretaría de Planificación, consciente de la necesidad de que el país cuente con datos sociodemográficos y económicos actualizados y confiables, ha venido realizando en los últimos años una serie de actividades para realizar el Censo de Población y Vivienda 1988.

A la fecha se cuenta con datos preliminares sobre la población de los departamentos, cabeceras municipales, aldeas y caseríos, y número de viviendas particulares, ocupadas y desocupadas.

Otro producto importante del censo es el material cartográfico actualizado, que incluye mapas, planos y croquis a nivel de municipios, aldeas y caseríos.

PROYECTOS ESPECIALES

Proyectos de población y empleo

Con el fin de concretar los objetivos plasmados en el Plan Nacional de Desarrollo 1987-1990, la Secretaría de Planificación ha venido ejecutando dos proyectos denominados "Programas de Empleo" y "Políticas de Población y Empleo".

La evolución del empleo se medirá de mejor manera a través de los índices de empleo y salarios que Secplan y el ministerio de Trabajo y Previsión Social diseñaron durante el año utilizando estadísticas recolectadas por el IHSS. La sistematización de la información sociodemográfica también ha sido sujeta de atención durante 1988. Metodologías para evaluar el impacto demográfico y ocupacional de diversos programas y proyectos fueron elaboradas y probadas durante el año.

Proyecto Modelo de Desarrollo Integral de Comunidades Agrícolas (MODICA)

La secretaría de Planificación conjuntamente con otras instituciones del Estado continúa impulsando bajo el esquema de participación comunitaria, actividades para desarrollar integralmente cuatro comunidades de los departamentos de Choluteca y Valle, con el objeto de reactivar económica y socialmente la zona sur.

En el campo de la agricultura el proyecto MODICA ha incorporado un promedio de 700 hectáreas a áreas de riego, de las cuales 350 son áreas de cultivos de exportación como ser melón, ajonjolí, algodón, caña de azúcar. Como muestra del impacto de este proyecto, se puede señalar que las comunidades beneficiadas, durante 1988, han exportado un promedio de 65,000 cajas de melones.

PROGRAMAS ESPECIALES

Fondo Hondureño de Preinversión

Durante 1988 el Fondo Hondureño de Preinversión ha continuado con su objetivo de financiar la elaboración de estudios de Preinversión, prefactibilidad, factibilidad y diseño final para programas o proyectos que de conformidad con los planes nacionales de desarrollo sean considerados como prioritarios.

Entre las actividades principales desarrolladas en 1988 se destacan las siguientes:

— Financiamiento de estudios terminados en ejecución y por financiar por un monto de L. 7.7 millones, correspondiendo un 32.5% al sector transporte; 21.1% a vivienda; 16.5% industria; 9% energía; 6.4% salud; 6.2% para agricultura; 6% turismo; y el 2.3% para el sector pesca.

Cooperación Hondureña Alemana de Alimentos por Trabajo

La concentración de los proyectos de COHAAT en la zona sur y centro del país corresponde a las prioridades regionales establecidas por el gobierno para fomentar un número sustantivo de proyectos pequeños e integrales que faciliten el desarrollo de la región.

Durante el año de 1988, se continuó con la ejecución de actividades del subprograma COHAAT Sur y COHAAT Centro. El subprograma COHAAT Sur está orientado a lograr la independencia económica de los campesinos por medio de proyectos útiles y rentables, y a capacitar a los campesinos para que ellos mismos se ayuden en el desarrollo de los programas.

En el subprograma COHAAT Centro se beneficiaron 6,905 familias equivalentes a 41,430 personas en zona urbana; en la zona rural un total de 1,593 familias comprendiendo 10,848 personas beneficiadas.

Catastro nacional

La Dirección Ejecutiva del Catastro Nacional es un organismo especializado en levantamiento catastral urbano y rural, encargado del inventario de la riqueza inmobiliaria del país.

Las principales actividades desarrolladas por el programa en 1988 fueron:

— Proyectos Catastrales del Municipio de Puerto Cortés, y del área de acción del Embalse San Fernando en los departamentos de Francisco Morazán y Choluteca.

— Estudios de los Proyectos Hidroeléctricos de El Níspero y El Naranjito en el departamento de Santa Bárbara, orientados al conocimiento de recursos hidráulicos, suelos, vegetación y economía agrícola.

— Integración a las actividades de implementación técnica para el desarrollo de la zona sur en coordinación con la Cooperación Hondureña Alemana de Alimentos por Trabajo.

Reunión de trabajo, presidida por el ingeniero Francisco Figueroa, para tomar acciones emergentes en ocasión de las inundaciones provocadas por el huracán "Gilbert", que afectó varias zonas del país en septiembre pasado.

El subsecretario de Secplan, licenciado Rogelio Ortega, al momento de inaugurar la nueva etapa del Proyecto Modelo de Desarrollo Integral de Comunidades Agrícolas (MODICA), lo acompaña el embajador del Japón, Kiichi Itabachi.

El ingeniero Figueroa en compañía del representante del PNUD en Honduras, Ricardo Tichauer y el embajador de Israel, Schlomo Cohen, en una visita de seguimiento a los proyectos de MODICA, en septiembre pasado.

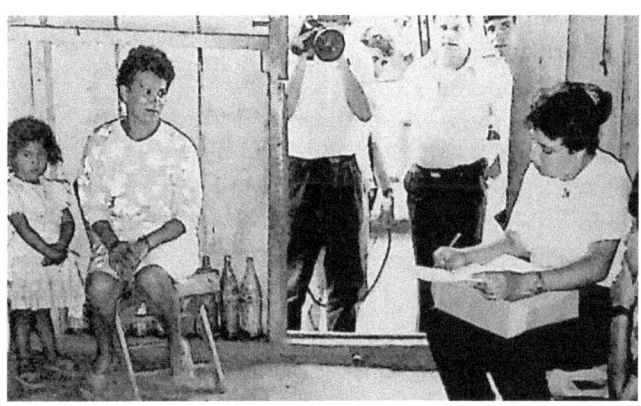

Empadronadores del Censo Nacional de Población y Vivienda encuestan uno de los hogares en la capital de la República, en mayo de 1988.

SECRETARÍA DE GOBERNACIÓN Y JUSTICIA

Se tienen ya los planos definitivos y el terreno para construir la Granja Penal de San Pedro Sula. Esta obra y la construcción de la Penitenciaria Central de Tegucigalpa se ejecutarán con un préstamo por 28 millones de dólares, otorgados por POMEX de México.

Se ha incluido en el presupuesto un personal mínimo de seis profesionales del derecho los que se encargarán de promover las acciones judiciales entre los prisioneros pobres en los diferentes tribunales de la república, cuyos juicios están paralizados.

Se elaboró un diagnóstico sobre política demográfica y migratoria, en base al que, el Consejo Consultivo de Población, elaborará un plan en los próximos días para obtener, entre otros, los siguientes objetivos:

1. Purificar en coordinación con el Tribunal Nacional de Elecciones más de 100,000 reposiciones ordenadas en forma irregular y que puedan influir y distorsionar el resultado de las próximas elecciones.

2. Restringir el rebalse poblacional llegado de los países vecinos, que se estima en 300,000 inmigrantes irregulares.

Se mejora la imagen física de las instalaciones de esta secretaría de Estado.

Se terminará la cárcel de La Paz para trasladar a ella los sentenciados de la Penitenciaría Central. Esto permitirá llevar a cabo el Plan Piloto de las seis cárceles escogidas para iniciar la ejecución de la Ley de Rehabilitación del Delincuente.

PROGRAMA DE TRANSFERENCIAS

Jubilaciones y pensiones

Mediante este programa se beneficiaron un total de 414 personas, de las cuales el 65.94 por ciento corresponden a Francisco Morazán.

Se otorgaron 156 mil lempiras para el financiamiento de pequeños proyectos de gobiernos locales, patronatos, comités promejoramiento de municipios y aldeas, en los departamentos de Intibucá, Copán, Lempira, Yoro, Ocotepeque, Comayagua, El Paraíso, Olancho y La Paz.

SERVICIOS DE PLANIFICACIÓN

Se finalizó la participación de la Secretaría en la Etapa Preliminar del Diagnóstico para el Plan de Desarrollo de la Región Central del País, concurriendo en la actividad personal técnico de la Organización de Estados Americanos (OEA) y la contraparte técnica nacional, conformada por técnicos del sector gubernamental.

Se presentó al Programa de Inversiones Sociales para el Desarrollo de los Países Centroamericanos (PISDIC) un proyecto cuya finalidad es la de fortalecer el régimen municipal con la participación comunitaria. Además, otro proyecto para la adquisición de equipo y herramientas necesarias en los centros penales de Tegucigalpa, San Pedro Sula, Comayagua, La Ceiba, Santa Rosa de Copán, Gracias, Santa Bárbara, Juticalpa, Danlí, Choluteca y Nacaome.

SERVICIOS DE RECLUSIÓN

Durante el presente año se atendió una población penal de 4,004 reclusos a nivel nacional; de los cuales el 15.69% han recibido sentencia y la diferencia se encuentra pendiente de sentencia.

ASESORÍA Y ASISTENCIA TÉCNICA A GOBIERNOS LOCALES

Se vigiló la ejecución de los proyectos municipales, provenientes del Fondo Global del 4% de los ingresos al año que genera la Empresa Nacional Portuaria, Administración de Rentas y Aduanas.

Se brindó asesoría técnica a los municipios de Tocoa y Nacaome, a fin de ayudarles en la interpretación de las leyes municipales y los lineamientos generales para la elaboración de los valores de tierra, tanto del área urbana y del área rural.

Se hizo una revisión de los mapas urbanos y rurales de Cabañas, La Arada, San José de Coray, Jutiapa, El Porvenir, San Isidro, Chinacla, Las Trojes y Alauca, para su correspondiente actualización.

SERVICIOS CONTRA INCENDIOS

Adquisición de equipo contra incendios

En octubre del presente año, se recibió un total de once (11) unidades contra incendios de la República de Argentina, el valor de las mismas es de $900 mil dólares, que corresponde al remanente de un convenio financiero entre los Gobiernos de Honduras y de Argentina, suscrito en años anteriores.

Inversión e instalaciones físicas

Mediante actividades del Cuerpo de Bomberos de Honduras en el año anterior se procedió a la rifa de varios artículos, utilizando el producto de las utilidades en la construcción de las subestaciones de bomberos en Belén y los estudios preliminares de la misma en la Colonia Kennedy. En la actualidad se ha invertido L. 21,228.50 ayuda del Gobierno Central, L. 150,205.52 fondos propios y L. 2,000 donaciones de instituciones amigas.

SERVICIOS TIPOGRÁFICOS

Diariamente se imprimieron 1,500 ejemplares del diario oficial "La Gaceta".

SERVICIOS ADMINISTRATIVOS DE INQUILINATO

Se participó en las soluciones de las controversias de inquilinato, mediante el trámite de acciones a petición de la parte interesada, alcanzando la apertura de 2,425 expedientes.

El Cuerpo de Bomberos recibe en 1988 equipo diverso contra incendios y once unidades bomberiles, ocho Mercedes Benz y tres Ford.

SECRETARÍA DE LA PRESIDENCIA

ACTIVIDADES DEL SECRETARIO DE ESTADO EN EL DESPACHO PRESIDENCIAL

Durante 1988, la secretaría de Estado en el despacho presidencial, coordinó las labores en la Dirección General de Servicio Civil, en la Secretaría de Información y Prensa y en la Dirección General de Proyectos de Casa Presidencial.

Se atendieron problemas laborales que ocurrieron a esta Secretaría de Estado en demanda de colaboración, así como aquellos casos que el señor presidente delegó para ser atendidos.

Igualmente se atendieron problemas de distintas dependencias que solicitaron la colaboración de dicha Secretaría de Estado.

DIRECCIÓN GENERAL DE PROYECTOS
DE CASA PRESIDENCIAL

1. En la colonia 30 de Noviembre, en la Escuela "Reinado de España", se inició la construcción del muro perimetral de todo el centro; la obra está concluida.

2. En la colonia 30 de Noviembre se inició la construcción de 4 aulas, Dirección, Subdirección, haciendo además las aceras de concreto en todo su perímetro, habiendo ya finalizado la obra.

3. En la colonia La Era se inició la construcción de todo el muro perimetral de la escuela, estando ahora el proyecto en un 95% de ejecución.

4. Participación en la ampliación de la escuela Monseñor Jacobo Cáceres, en la Aldea de Suyapa, 4 aulas escolares junto a COHAT, estando en un 95% de ejecución.

5. En la colonia Fehcovil Nueva Suyapa se inició la construcción del centro comunal de dicha colonia, estando el proyecto en un 80% de su ejecución.

6. En la colonia Villanueva se amplió la escuela Jorge Roberto Maradiaga, realizando la construcción de 4 aulas completas, hubo que hacer un muro de contención de aproximadamente 1.5 metros de alto, habiendo ya finalizado la obra.

7. En la colonia Guaymuras iniciamos la construcción de una cancha de basquetbol con su cerca perimetral respectiva, la construcción de un parque con áreas de recreo, tanto para adultos como para niños, estando en la actualidad en un 80% de su construcción.

8. En la colonia Kennedy se inició la segunda etapa del parque infantil que tiene 3 canchas de basquetbol, que al mismo tiempo sirven para jugar futbolito, 30 unidades de juegos infantiles, jardineras, áreas de

recreo para adultos y además el acondicionamiento de 3 parqueos para automóviles, estando la obra en un 90% de su ejecución.

9. En la colonia La Rosa iniciamos la construcción de 4 aulas, en la escuela Modesto Rodas Alvarado, con sus respectivas aceras de concreto en su perímetro, más la acera correspondiente a 3 aulas que ya existían. Proyecto finalizado totalmente

10. En la colonia La Rosa iniciamos la construcción del muro perimetral de la escuela, paredes de bloque visto, finalizado ya con sus respectivos portones de metal.

11. En la colonia San Buenaventura, ubicada en los altos de la Colonia "San Francisco", iniciamos la construcción de 4 aulas escolares, comedor infantil, clínica, dirección, subdirección, sala de maestros y biblioteca, estando en la actualidad la construcción en un 90% de su ejecución".

12. En la colonia Centroamericana, iniciamos la reconstrucción total de la escuela existente, estando la reconstrucción en la actualidad en un 70% de su ejecución, comprende esta reconstrucción: 12 aulas, biblioteca, sala de maestros, clínicas, dirección, subdirección, servicios sanitarios, salón de actos, dado que este proyecto sirve además de la colonia Centroamericana a las colonias: Altos de Divanna, Cristóbal Díaz, Bendeck, Altos del Milagro y Altos del Country.

13. Construcción del cerco perimetral de la escuela Centroamericana, que comprende un muro de contención de aproximadamente 40 metros de largo y un promedio de 3 metros de alto, tubo de hierro negro, cerca de malla ciclón y alambre espigado.

14. Adoquinado de la segunda etapa de la calle principal del redondel a la entrada del barrio Lempira, adoquinado de las calles de los Bloques "E" y "F" de la misma colonia Centroamericana, estando el proyecto en la actualidad en un 90% de su ejecución.

15. Reconstrucción total del edificio frontal de dos plantas de la escuela de varones Lempira que comprende: columnas en la planta baja, entrepiso de concreto, gradas de acceso de concreto, demolición y construcción del techo con madera curada, cielo de asbesto cemento liso y techo de asbesto cemento liso y techo de asbesto cemento acanalado, canales de aguas lluvias de concreto, reconstrucción total de paredes y pisos, pizarras de concreto, estando actualmente en un 80% de ejecución.

16. Reconstrucción total del edificio frontal de dos plantas de la escuela de niñas Argentina, estando actualmente en un 80% de su ejecución.

17. En la colonia Policarpo Paz García, iniciamos la construcción de 3 aulas y la dirección con sus respectivas aceras de concreto, piso de concreto para el patio adaptado para una cancha de basquetbol, habiendo ya finalizado la obra.

18. En el barrio Buenos Aires, pavimentación de concreto en calle aledaña a la *"Vuelta del Perro Ahorcado"*, con sus respectivas cunetas y parrillas en los tragantes generales, acera de concreto, habiendo finalizado ya la obra.

19. En la colonia La Laguna, construcción de un edificio escolar José R. Castro, dos plantas que comprenden: 7 aulas escolares, Dirección, Subdirección, sala de maestros, gradas de acceso al segundo piso de concreto, pila de abastecimiento, pisos de concreto en el área de servicios sanitarios y reconstrucción del muro perimetral de la escuela, estando ahora en un 95% de su ejecución.

20. Finalización del muro perimetral de la escuela José Simón Azcona, en la colonia Guamilito, gradas de acceso de la calle Los Inditos a la escuela, piso adoquinado del patio de la escuela.

21. Construcción de un edificio de dos plantas en la escuela José Simón Azcona, en la Colonia Guamilito, que comprende: 6 aulas escolares, Dirección, Subdirección, servicios sanitarios para maestros, servicios sanitarios para maestras, 6 servicios para alumnos varones, urinarios para varones y 4 servicios sanitarios para niñas.

22. Instalación completa del sistema eléctrico escuela Álvaro Contreras.

23. En la escuela Cámara Junior No. 1, demolición del techo planta baja, construcción techo de madera y asbesto cemento, en conjunto con Construcciones Escolares del Ministerio de Educación Pública.

24. Mano de obra para la adaptación de 6 clínicas odontológicas de las siguientes escuelas:
    1. Monseñor Fiallos

    2. Cámara Junior No. 1

    3. Ramón Rosa

    4. Perú

25. En Casa Presidencial: demolición barraca antigua para soldados de la Guardia de Honor Presidencial, construcción edificio de 3 plantas de concreto para dormitorios de los soldados con sus respectivos servicios sanitarios.

26. Reconstrucción carpintería y fontanería, servicios sanitarios de la escuela Manuel Soto.

27. 22 servicios sanitarios nuevos y 18 lavamanos en la escuela Lempira.

GESTIÓN ADMINISTRATIVA DESARROLLADA POR LA DIRECCIÓN GENERAL DE SERVICIO CIVIL

Departamentos de clasificación de puestos y salarios.

1. Clasificación de puestos: 187

2. Reasignación de Puestos: 398

3. Reconsideraciones de reasignaciones y
   clasificación de puestos: 5

4. Incorporación de puestos al Régimen de
   Servicio Civil: 975

5. Actualización de estudios realizados en
   1987:   1,053

6. Estudios globales de puestos: 2,776

7. Asesoría a la Junta Nacional de Bienestar
   Social en la elaboración del Reglamento
   Interno

8. Actualización del Manual de Descripción y
   Especificaciones de Clases.

9. Actualización de requisitos: 889

DEPARTAMENTO DE NORMAS Y PROCEDIMIENTOS

a) Contratos de servicios profesionales y
   técnicos del Gobierno Central autorizados
   durante el año de 1988:   3,212

b) Cálculo de indemnizaciones laborales de
   servidores públicos cancelados por
   Cesantía: 77 casos. L.   770,349.85

c) Dictámenes de acciones de personal
   de despido y descensos procedentes: 179

d) Oposiciones presentadas por servidores
   públicos contra nombramientos y
   ascensos en las diferentes Secretarías de Estado: 13

e) Consultas oficiales evacuadas por escrito: 15

f) Consultas de servidores públicos evacuadas
   por escrito: 7

DEPARTAMENTO DE INSPECTORÍA E INVESTIGACIÓN

Solicitudes de investigación presentadas: 165

Solicitudes de investigación evacuadas: 152

Solicitudes de investigación pendientes: 13

DEPARTAMENTO DE AUDITORIA DE PERSONAL

Durante el año de 1988 se efectuaron auditorías de personal a seis (6) instituciones gubernamentales.

DEPARTAMENTO DE PRENSA

Se proyecta con sus secciones de redacción, laboratorio de fotografía, monitoreo, archivo y producción de materiales (boletines, análisis, reportajes y comentarios).

— Divulga la actividad gubernamental por Radio Nacional de Honduras.

— Suministra información oficial a los medios de comunicación privados, radiales, escritos y televisados del país.

SUBSIDIOS ENTREGADOS

Se cubrieron 16 departamentos del país con un total en lempiras de DOS MILLONES CIENTO TREINTA Y CINCO MIL OCHOCIENTOS (L. 2,135,800). (Anexo 3).

SUBSIDIOS ENTREGADOS DURANTE EL AÑO 1988 MILES DE LEMPIRAS	
DEPARTAMENTO	CANTIDAD ENTREGADA
1.- Atlántida	567.9
2.- Colón	38
3.- Comayagua	149.5
4.- Copán	128.5
5.- Cortés	146
6.- Choluteca	154.1
7.- El Paraíso	86.2
8.- Francisco Morazán	287.7
9.- Intibucá	8
10.- La Paz	51.7
11.- Lempira	61.5
12.- Ocotepeque	51
13.- Olancho	42.4
14.- Santa Bárbara	84.1
15.- Valle	25.5
16.- Yoro	253.7
TOTAL	2,135,800

Edificio de la Escuela Centroamérica de la colonia Centroamérica.

La Dirección de Proyectos de Casa Presidencial pavimenta las calles del Barrio Buenos Aires.

La Casa Presidencial, por medio de la Dirección de Proyectos, instala juegos mecánicos en el Parque Infantil de la Colonia Kennedy.

CUARTOS JUEGOS DEPORTIVOS CENTROAMERICANOS "HONDURAS 1990"

La realización de los IV Juegos Deportivos Centroamericanos, "Honduras 1990", a desarrollarse en enero de 1990, es uno de los compromisos importantes que asumió el actual Gobierno desde sus primeros días de gestión.

El presidente de la República y el comité organizador de este evento deportivo, en virtud de tal responsabilidad, no han escatimado esfuerzos para la conclusión, ya cercana, de lo que será el primer complejo deportivo de nuestro país y que estará dotado de todo lo necesario para el desarrollo de la mente y músculo de nuestros atletas.

En tal sentido, y cumpliendo con las metas trazadas, el Gobierno de la República hará entrega en los próximos días de los dos primeros gimnasios polideportivos y en los meses venideros del tercer gimnasio, un estado olímpico, un parque de beisbol y el edificio de las federaciones, situado contiguo al gimnasio Rubén Callejas Valentine.

A partir de 1986, año en que arrancan los estudios previos para la edificación de las obras, hasta 1988 se han invertido 6,377.7 millones, cantidad esta que será más que duplicada con los 7,520.5 millones de lempiras, que se invertirán en el presente año para la conclusión de los trabajos y que nos arroja una cifra de 16 millones, 841.7 lempiras en la construcción de instalaciones, estudios, compra de terrenos y utilería deportiva.

Para el acondicionamiento de los dos primeros gimnasios, que ya están prestando utilidad, el Ejecutivo, a través del comité organizador, lleva invertido en los últimos meses la suma de 153,290.94 lempiras en la compra de los materiales deportivos, facilitando la correcta y segura práctica del deporte a nuestros atletas, que nos representarán en 1990.

INSTALACIONES DEPORTIVAS

Gimnasio Uno: Con un aforo para 1,500 personas, con dos áreas de calentamiento, tiene un costo de L. 1,576,220.43. Este será terminado en los próximos días.

Gimnasio Dos: Con un aforo para 1,500 personas, con dos áreas de calentamiento y con un costo total de L. 1,757,581.80, estará concluido a finales de enero.

Gimnasio Tres: Con un aforo de 1,500 personas, con dos áreas de calentamiento y un costo total de L. 1,667,044.94, estará concluido en los primeros días de marzo.

Estadio de Béisbol: Esta obra, que tendrá capacidad para 7,000 personas en su primera etapa, tiene un costo aproximado de L. 1,7500.000, se encuentra en un nivel avanzado con su área de competencia definida y su muro perimetral casi concluido.
Esta nueva instalación se espera que esté terminada en mayo próximo.

Mientras que el edificio de las federaciones, que está ubicado contiguo al gimnasio capitalino "Rubén Callejas V.", se encuentra en franco proceso de desarrollo, alcanzando ya su tercer nivel, de cinco programados.

Este centro contará con el espacio necesario para las oficinas administrativas del Comité Olímpico Hondureño, Comisión Nacional Pro-Instalaciones Deportivas y Mejoramiento del Deporte (Conapid), Federaciones Deportivas Nacionales y Salón de Conferencias, para la fecha en que se realicen los IV Juegos. Este edificio servirá de marco a las competencias de esgrima, tenis de mesa y ajedrez, el costo de la obra es de L. 2,287,790.75 y su conclusión está prevista para mitad de año.

Aparte de lo anterior, se realizan importantes mejoras en las vías de acceso a la zona en mención y se construye un importante bulevar que vendrá, además, a mejorar el nivel de vida de las colonias aledañas a la zona de Suyapa.

Todos estos trabajos de construcción, tanto de gimnasios como de vías de comunicación, son ejecutados por compañías privadas y son supervisados por personal residente de la secretaría de Comunicaciones, Obras Públicas y Transporte (Secopt).

Para el presente año de 1989 y para enero de 1990, el Poder Legislativo, a petición de la Presidencia de la República, aprobó la suma de 8.5 millones de lempiras, que serán utilizados para la conclusión de las obras y para el montaje del evento.

El presidente José Azcona participa en una conferencia de prensa en el nuevo Gimnasio Uno, acompañado de otras autoridades deportivas.

Nuestros futuros gimnastas que nos representarán en los IV Juegos Deportivos Centroamericanos, realizan sus prácticas diarias en el nuevo gimnasio de Suyapa

El nuevo Gimnasio Uno se yergue imponente a la espera de nuestros atletas que nos representarán en enero de 1990

SECRETARÍA DE RELACIONES EXTERIORES

NEGOCIACIONES DE PAZ

Honduras continuó participando activamente en el proceso regional de paz, el cual, en 1988, evolucionó en cuatro fases.

La primera se caracterizó por la actividad de la Comisión Internacional de Verificación y Seguimiento (CIVS), la cual sometió su informe a la consideración de los presidentes de los países centroamericanos, reunidos en la cumbre de Alajuela el 16 de enero.

El Gobierno, antes de la incertidumbre que planteaba la acción judicial de Nicaragua contra Honduras en el Tribunal Internacional, decidió activar el juico sobre jurisdicción y admisibilidad de la demanda. Ello conduciría a que Nicaragua optara inequívocamente entre el procedimiento judicial o el proceso político regional, ya que la consecución simultánea de ambos procedimientos es incompatible con los principios y normas del sistema interamericano.

En abril, los cancilleres centroamericanos convinieron en prestaciones recíprocas para que, de una parte, se integrara el mecanismo auxiliar de verificación, control y seguimiento; y de otra, Nicaragua desistiera de la demanda contra Honduras. Este acuerdo quedó en suspenso.

Al negarse el Gobierno sandinista a retirar la demanda, se produjo un vacío en el proceso regional de paz, que dio lugar a la tercera fase. Tal fue la reunión de ministros de relaciones exteriores de los países democráticos centroamericanos y el secretario de Estado de los Estados Unidos de América, celebrada el 1 de agosto en la ciudad de Guatemala. Lamentablemente, en dicha reunión no se profundizó en los temas de seguridad regional, cooperación económica, Esquipulas II y sistematización de reuniones.

La propuesta hondureña para establecer una fuerza de paz en la región señaló el inicio de la cuarta fase, la cual condujo a la reactivación del Procedimiento de Esquipulas II.

Respecto al juicio sobre jurisdicción y admisibilidad de la demanda de Nicaragua contra Honduras, el 20 de diciembre la Corte Internacional de Justicia se declaró competente y en tal virtud admitió la demanda. La Secretaría de Relaciones Exteriores se encuentra examinando esta nueva circunstancia, así como futuras actuaciones, tanto en la relación a la corte, como en el marco del Procedimiento de Esquipulas.

POLÍTICA EXTERIOR MULTILATERAL

Para Honduras, organizaciones como la ONU y la OEA constituyen un valioso foro para impulsar iniciativas, defender sus intereses y aunar esfuerzos en pro de objetivos comunes.

Es de destacar el hecho de que las más relevantes y fructíferas iniciativas de política exterior hondureña reciente, han sido hechas en las Asambleas Generales de la ONU y la OEA. Tal, la propuesta para que una presencia internacional en nuestras fronteras resguarde nuestros territorios fronterizos de incursiones de insurgentes extranjeros y de violaciones a nuestra soberanía por ejércitos vecinos.

Un hecho que cabe subrayar ha sido la designación de San Pedro Sula como sede de la V Reunión de Ministros de Relaciones Exteriores de los países de la Comunidad Europea, Centroamérica y el Grupo de Contadora. Esta reunión, que se celebrará en el curso el mes de febrero de 1989, constituirá uno de los foros multilaterales más importantes para nuestro país.

Igualmente relevante para nuestro país ha sido la elaboración del Plan Especial de Cooperación Económica para Centroamérica y la preparación de la Conferencia Internacional Sobre Refugiados Centroamericanos.

POLÍTICA EXTERIOR, RELACIONES BILATERALES Y COOPERACIÓN

Durante el presente año, la política exterior hondureña ha continuado asegurando un espacio de confianza para el país, que le permita consolidar sus esfuerzos de democratización interna, el impulso de su desarrollo económico y el mejoramiento de su estructura social.

En el campo de las relaciones bilaterales, Honduras ha incrementado su proyección diplomática y cultural, a la vez que ha fomentado las relaciones de comercio. En este sentido, la Secretaría de Relaciones Exteriores ha venido negociando con el Ministerio de Economía un Acuerdo de Cooperación Intergubernamental que regirá el funcionamiento de un programa del servicio comercial externo.

ASUNTOS LIMÍTROFES

Durante el presente año se presentó ante la Corte Internacional de Justicia, el cumplimiento de lo dispuesto en el Tratado General de Paz celebrado con la República de El Salvador, el 30 de octubre de 1980, como del compromiso celebrado entre Honduras y El Salvador el 24 de mayo de 1986, en la ciudad de Esquipulas, Guatemala, el primer escrito o memoria, trabajándose actualmente en la preparación del segundo escrito o contra memoria, la cual habrá que presentarse a comienzos de 1989.

MODERNIZACIÓN DEL SERVICIO EXTERIOR

El perfeccionamiento y capacitación del servicio exterior se continuó fortaleciendo gracias a la cooperación de gobiernos amigos y al esfuerzo interno desarrollado.

Asimismo, durante el presente año y contando con la decidida cooperación de la Unión Internacional de Telecomunicaciones y del Gobierno de Finlandia, se dotó a la mayor parte de nuestras representaciones diplomáticas, con los equipos de FAX.

CONSTRUCCIÓN DEL EDIFICIO DE LA CANCILLERÍA

Gracias al esfuerzo propio y contando con la cooperación del Gobierno de la República de China, se dio inicio a las obras de infraestructura del edificio que albergará la sede de la Secretaría de Relaciones Exteriores.

INGRESOS RECIBIDOS

Esta Secretaría de Estado aportó fondos por la suma de cinco millones ciento sesenta y cinco mil quinientos cincuenta y un lempiras con dos centavos (Lps. 5,165,551.02), por servicios en la rama consular, pasaportes, visas, auténticas y traducciones.

El presidente de la República, José Azcona, y el embajador de China Nacionalista, Chung Li Huan colocan la primera piedra de lo que será en breve el moderno edificio del Ministerio de Relaciones Exteriores.

SECRETARÍA DE DEFENSA NACIONAL Y SEGURIDAD PÚBLICA

En este periodo se trabajó en el control de narcotráfico en operaciones de interdicción de fronteras y en la ejecución de ejercicios y maniobras.

— Se propició una mejor coordinación con el Poder Judicial, a fin de lograr procedimientos en la materia Jurídico-Policial para contribuir a una mejor administración de justicia.

— En las diferentes unidades de las Fuerzas Armadas, se continuó fomentando e incentivando el estudio profesional y técnico, formando, además, en las escuelas, muchos hondureños, los que después de cumplir con su servicio militar se han incorporado al esfuerzo productivo nacional con una conciencia ciudadana integral, adquirida en el proceso de su formación militar.

— Las Fuerzas Armadas dieron prioridad al proyecto de crecimiento de la industria militar para poder reducir la dependencia externa en equipamiento, por lo que se han hecho programas significativos para incrementar la producción de equipo básico para consumo interno y, de ser posible, exportar los excedentes, generando además empleo para gran cantidad de familias hondureñas.

— Se apoyaron los diversos programas para el control de contrabando y la defraudación fiscal colaborando con los diversos programas que para este fin estructuró el Gobierno de la República.

— Las Fuerzas Armadas, dentro del marco de ejercicios combinados "Terencio Sierra", con unidades de ingeniería del ejército norteamericano y de la Secretaría de Comunicaciones, Obras Públicas y Transporte (Secopt), ejecutaron obras en beneficio del país, integrando comunidades y desarrollando proyectos en el área rural, en el departamento de Yoro, se construyeron 39 kilómetros de carreteras.

— A fin de combatir la violencia delictiva se ha implementado un procedimiento preventivo que consiste en la práctica constante de operativos especiales por parte de la Fuerza de Seguridad Pública, logrando disminuir considerablemente este flagelo y se hacen esfuerzos para equipar adecuadamente a los agentes del orden público.

— En materia de salud, internamente las Fuerzas Armadas realizaron esfuerzo, creando infraestructura de centros asistenciales y hospitales en donde se proporciona asistencia en todas las especialidades de la medicina, a fin de darle al integrante de la institución una adecuada atención médica. En cuanto a atención a la población civil, las Fuerzas Armadas con su propio presupuesto y contando con la ayuda del ejército norteamericano, del Ministerio de Salud, y con donaciones recibidas directamente por el mando, se han desarrollado programas en beneficio de millares de familias hondureñas.

— Es política de la institución armada prestar su espontánea colaboración a las demás autoridades competentes, en la búsqueda de soluciones a los diferentes problemas que le han sido planteados por los diversos sectores de la población nacional

— Con el propósito de instruir a los funcionarios públicos, ejecutivos de la empresa privada y miembros de las Fuerzas Armadas en el campo de la seguridad y desarrollo nacional, se inició el estudio para organizar e iniciar el funcionamiento del Colegio de Defensa Nacional, según lo preceptuado en la Constitución de la República.

— Se está procediendo a la revisión de la legislación militar vigente para presentar las recomendaciones que correspondan, a fin de proceder a su actualización.

— Con el apoyo del Gobierno de los Estados Unidos de Norteamérica se construyeron las instalaciones del Centro de Adiestramiento Militar del Ejército (CAME), en donde se adiestran en su ciclo básico de formación los soldados del ejército.

— También se estudia la instalación de un radar en Cerro Calentura, con asiento en el departamento de Colón, para detectar aeronaves y buques que transportan droga.

— La Fuerza de Seguridad Pública, aplicando un nuevo esquema de organización, procedió a su reestructuración interna, denominando comandos regionales a sus unidades operativas, destacándose los excelentes resultados que ha dado el ensayo de crear comités de apoyo.

— Se adquirió, además, un seguro de vida para todo el personal de la institución policial.

— La Academia Nacional de Policía "General José Trinidad Cabañas" se trasladó a la ciudad de La Paz.

— Se le dio la denominación de base aérea "Coronel Enrique Soto Cano" a la instalación aérea que funciona en Palmerola, Comayagua.

— Se adquirieron 12 aviones F5E.

— Se creó la Base Naval en Puerto Castilla, equipada por lanchas de tipo patrullera; se adquirió una lancha de desembarco tipo LCU, "Punta Caxinas"; se creó el centro de estudios navales y entró en operaciones el sistema de grúa móvil (Travel Lift) para mantenimiento y reparación de embarcaciones.

— El crecimiento vegetativo de oficiales en las Fuerzas Armadas durante 1988 tuvo un incremento en su activo de (94) noventa y cuatro oficiales con el grado de subteniente.

— Durante 1988, las Fuerzas Armadas llevaron a cabo dos movilizaciones parciales de medios del ejército y la Fuerza Aérea, para rechazar penetraciones al territorio nacional por fuerzas del Ejército Popular Sandinista (E.P.S.) de Nicaragua.

— Durante el año de 1988 se produjeron las bajas administrativas y por defunción que se detallan a continuación:

FUERZA EJÉRCITO

Bajas administrativas	4,894
Por defunción	52

FUERZA AÉREA

Bajas administrativas	733
Por defunción	5

FUERZA NAVAL

Bajas administrativas	229
Por defunción	5

FUERZA DE SEGURIDAD PÚBLICA

Bajas administrativas	1,898
Por defunción	43

TOTAL DE BAJAS ADMINISTRATIVAS Y POR DEFUNCIÓN: 7,859

Inauguración de la carretera Puente Grande-Jocón-Puentecita, construida por las FF.AA. y el ejército de E.U.A.

Se inaugura el 9 de octubre un mural cívico en el acceso a esa Secretaría de Estado.

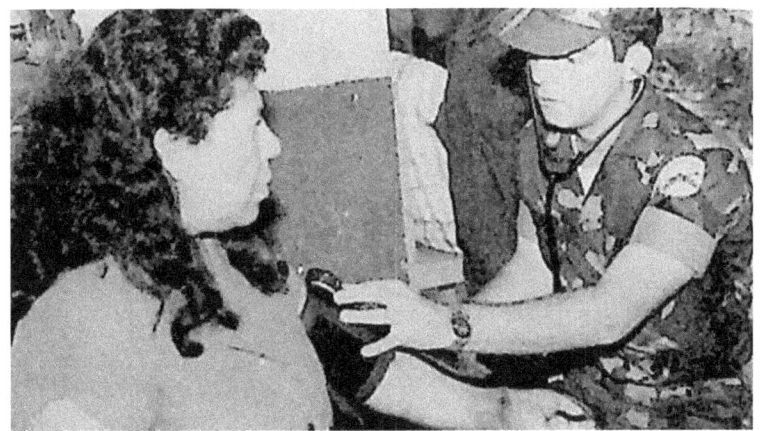

Brigadas médicas de las FF.AA. se desplazan por el país para asistir a miles de compatriotas en comunidades remotas.

SECRETARÍA DE COMUNICACIONES, OBRAS PÚBLICAS Y TRANSPORTE

La secretaría de Comunicaciones, Obras Públicas y Transporte realiza las actividades correspondientes a su área de acción a través de las nueve direcciones en que administrativamente está organizada. A continuación, se presenta una síntesis de las obras más relevantes durante el presente año.

DIRECCIÓN GENERAL DE CAMINOS

Las metas alcanzadas con la inversión referida comprenden: rehabilitación de 663.5 Km. de caminos a nivel de subbase, pavimentación de 91.9 Km. de carreteras, construcción de 281.7 Km. de caminos vecinales y mantenimiento de 663.3 Km. por el programa de Caminos de Mano de Obra.

Asimismo, se construyeron 60 M.L. de puentes de concreto, 75 M.L. de puentes modulares de madera, un puente hamaca de 138 m. y se reconstruyeron 60 M.L. de puentes de concreto.

Para garantizar la continuidad de la inversión se realizaron los estudios finales de ingeniería de 130.9 Km. de carreteras y los estudios preliminares de 81.7 Km. de carreteras y los estudios preliminares de 81.7 Km. y están en ejecución 157 Km. de diseño definitivo y 167 de diseño preliminar.

Construcciones de caminos vecinales

— Santa María-Terrero Blanco.

— Catacamas-Dulce Nombre de Culmí.

— Bonito Oriental-Limón.

Y 200 Km. de caminos de acceso por mano de obra en todo el país.

Cabe mencionar como proyectos más relevantes dentro de la inversión los siguientes:

— Inicio construcción Puente de Amapala.

— Construcción y pavimentación de la Carretera Pito Solo-Santa Bárbara.

— Rehabilitación de la Carretera del Norte en el Valle de Comayagua.

— Construcción a nivel de subbase de la Carretera San Francisco de La Paz-Gualaco.
— Construcción y pavimentación Carretera La Ceiba-Sabá-Corocito.

— Construcción y pavimentación Carretera Sabá-Olanchito.

— Construcción a nivel de subbase Carretera Olanchito-San Lorenzo.

— Construcción a nivel de subbase Carretera Carrizal-La Unión.

DIRECCIÓN GENERAL DE MANTENIMIENTO DE CAMINOS Y AEROPUERTOS

La red vial bajo el Programa de Mantenimiento es de 10,600 Km., la cual ha sido atendida en forma priorizada y de acuerdo a las limitaciones de recursos financieros, logrando mantener 2,036 Km. de carreteras pavimentadas con un costo de Lps. 7,544,894, 5,162 Km. de carreteras de material selecto con un costo de Lps. 7.950,344 y 284 Km. de carreteras de tierra con un costo de Lps. 512,219.

En el mantenimiento de aeropuertos se invirtió la cantidad de Lps. 163,169 para atender 8,730 m. lineales de pistas pavimentadas y 1,500 m. lineales de pistas de material selecto.

DIRECCIÓN GENERAL DE OBRAS CIVILES

Estudios y diseños

a) **Aeropuertos**

— Mejoramiento Aeropuerto de Toncontín

  • Se diseñaron 900 m. de aproximación en la cabecera sur, lográndose con esto rescatar 300 m. de pista inutilizados en las operaciones de aterrizaje.

— Aeropuerto de El Pedregal y Calle de Acceso al mismo (Tegucigalpa)

  • Se diseñó el alineamiento horizontal y vertical del aeropuerto y su carretera de acceso.

b) **Obras Hidráulicas**

Se levantaron 35,441 metros lineales en diversas cuencas hidrográficas del país.

Inversión

a. Se finalizó con los trabajos de construcción de la última etapa del Aeropuerto de Roatán, consistente en 950 m. de los 1,950 m. pavimentados de pista de aterrizaje que actualmente tiene. A un costo de Lps. 13,000,000.

b. Se construyeron 8.5 km. a nivel de subbase y, además, se pavimentaron con concreto asfáltico 18 km. de las carreteras de acceso al Aeropuerto de Roatán con un costo total de Lps. 12,300,000.

c. Se construyeron 5,000 m.l. de canales en La Ceiba y el Departamento de Yoro a un costo de Lps. 1,000,000.

d. Se construyeron 3,000 m.l. de bordos para la protección de áreas urbanas y de cultivo en La Ceiba y el Departamento de Yoro a un costo de Lps. 500,000.

INSTITUTO GEOGRÁFICO NACIONAL

Dentro de las actividades que corresponden al Instituto Geográfico Nacional se desarrollaron las siguientes:

Proyecto Mapeo Básico, segunda edición, escala 1:50,000.

— Clasificación de Campo de treinta y un (31) hojas de mapa.

— Actualización fotogramétrica de dieciocho (18) hojas de mapa.

— Procesamiento en su etapa cartográfica de nueve (9) hojas de mapa.

Proyecto Mapas Geológicos, escala 1:50,000.

— Se procesó la Carta Náutica de la Bahía de San Lorenzo HON-004.

Se ha realizado una inversión de 1,257,434 lempiras, destacándose el mejoramiento y construcción de edificios postales en:

	Costo
— Construcción de cuatro (4) agencias postales en el Departamento de Santa Bárbara.	L. 38,503
— Construcción de dos (2) agencias postales en el Departamento de Francisco Morazán.	L. 17,890

— Construcción de una agencia postal en el
Departamento de Olancho.   L. 9,025

— Construcción de seis (6) agencias postales
en el Departamento de El Paraíso.   L. 54,577

— Remodelación Edificio Aduanas Central
de Tegucigalpa.   L. 457,439.38

Cabe destacar que se dispone de Lps. 680,000 para iniciar el próximo año los trabajos de compra de terreno y construcción de edificios de correos de La Ceiba y remodelación y ampliación del de San Pedro Sula, recursos financieros que provienen de ingresos especiales del Correo.

DIRECCIÓN GENERAL DE URBANISMO

La actividad de la Dirección General de Urbanismo se ha orientado a contribuir con estudios de planificación urbana, diseño y supervisión de obras de infraestructura física y diferentes asistencias técnicas a municipalidades.

— Remodelación del Aeropuerto Villeda Morales.

— Remodelación terminal aérea Aeropuerto Golosón.

— Reconstrucción de la primera etapa, instalaciones deportivas IV Juegos Centroamericanos.

— Construcción del edificio de la Federación Deportiva de Tegucigalpa.

— Elaboración de planes reguladores de las ciudades de Catacamas, La Lima, Roatán, Utila, Guanaja y Macuelizo.

DIRECCIÓN GENERAL DE TRANSPORTE

En el área del transporte terrestre se ha procurado el mejoramiento en la prestación de este importante servicio a través de acciones tales como:

— Protección de la infraestructura vial a través del control de pesos de vehículos de transporte de carga, en un total de 16,545 vehículos.

— Ampliación de la oferta de servicios a través de la expedición de permisos de explotación (559 permisos).

— 135 autorizaciones de dispensas.

— Se dio inicio a la realización de los estudios técnico-económicos del servicio de taxis de San Pedro Sula, Santa Rosa de Copán, de Choluteca, Comayagua, Siguatepeque y Puerto Cortés.

DIRECCIÓN GENERAL DE AERONÁUTICA CIVIL

1) Implementación del Proyecto "Fortalecimiento de los servicios de navegación aérea" (PNUD/OACI/GOH); mediante protocolo financiero suscrito con el Gobierno Francés, cuyo objetivo es el "Desarrollo de la Aviación Civil".

DIRECCIÓN PLANIFICACIÓN SECTORIAL

— Preparación de los documentos de licitación, precalificación de firmas y adjudicación del Plan Maestro Vial.

— Preparación de estudios de factibilidad económica y de ingeniería para el Programa de Rehabilitación de carreteras pavimentadas.

	DIRECCIÓN GENERAL DE URBANISMO DEPARTAMENTO DE INFRAESTRUCTURA URBANA PROYECTO								
			Avance financ.			Avance físico			
No.	Nombre del proyecto	Prog.	Antes	1988	Acumul.	Antes	1988	Acumul.	Observaciones
1	Pavimentación calles principales		755,654.33	59,882.55	1,354,479382	50%	40%	90%	Por concepto fondos en Cta. Especial
2	Alcantarillado sanitario y adoquinado de calles Trinidad S.B.		297,012.48	106,149.91	403,157.39	70%	30%	100%	Por Admón.
3	Construcción obras Infraest. Urb. varias local. del país			372,684.33	372,684.33	100%	100%	100%	Inversiones y ayudas para proyectos varios
4	1ª. Etapa circunvalación La Ceiba			99,912.82	99,912.82		0%	0%	Pago anticipado

Otro proyecto de gran trascendencia para el desarrollo económico de la región norte del país es la construcción pavimentación de la carretera La Ceiba-Sabá-Corocito.

DIRECCIÓN GENERAL DE URBANISMO
DEPARTAMENTO DE EDIFICIOS PÚBLICOS

% DE LA OBRA REALIZADA

Nombre del proyecto	10	20	30	40	50	60	70	80	90	100	Inversión realizada actual	Observaciones
Obras Complementarias Caseta Meteorológica	▬	▬	▬	▬	▬	▬	▬	▬	▬	▬	L. 4,715	
Ampliación Aeropuerto San Pedro Sula	▬	▬	▬	▬	▬	▬	▬	▬	▬		L. 700,000.00	
Remodelación Aeropuerto de La Ceiba	▬	▬	▬	▬	▬	▬	▬				L. 30,222.02	
Reubicación y reparaciones en torre de control Aeropuerto Trujillo	▬	▬	▬	▬	▬	▬	▬	▬	▬	▬	L. 33,313.00	
Dormitorios estación bomberos Aeropuerto La Ceiba	▬	▬	▬	▬	▬	▬	▬	▬	▬	▬	L. 14,879.46	Se inició noviembre, 1987
Remodelación Castillo San Cristóbal, Gracias Lempira	▬	▬	▬	▬	▬	▬	▬	▬	▬	▬	L. 52,500.40	
Edificio Centro de Clasificación de Correos, Comayagüela	▬	▬	▬	▬	▬	▬	▬	▬	▬	▬	L. 749,511.36	
Remodelación de Correos Oficina Central de Tegucigalpa	▬	▬	▬	▬	▬	▬	▬	▬	▬	▬	L. 825,502.56	
Apartados Postales Edificio Correo Central Tegucigalpa	▬	▬	▬	▬	▬	▬	▬	▬	▬		-0-	
Gimnasio "Gimnasia Olímpica-Suyapa", IV Juegos Deportivos C.A.	▬	▬	▬	▬	▬	▬	▬	▬	▬	▬	L. 3,679,133.35	Se inicio en 1987
Gimnasio Volibol Suyapa IV Juegos Deportivos, C.A.	▬	▬	▬	▬	▬	▬	▬	▬	▬	▬		
Gimnasio "Gimnasia Artes Marciales"	▬	▬	▬	▬	▬	▬	▬				L. 1,081,604.99	
Estadio Olímpico	▬										-0-	
Estado Béisbol	▬										L. 90,534.40	
Edificio Federaciones Deportivas	▬	▬	▬								L. 749,132.45	
Hogar Temporal del Niño, Junta Nacional de Bienestar Social	▬	▬									L. 231,752.23	

Bodegas Junta Nacional de Bienestar Social, San Pedro Sula											L. 189,067.23	

La Dirección General de Obras Civiles canalizó el río Guaymitas con maquinaria prestada por el Instituto Nacional Agrario (INA).

La Dirección General de Urbanismo de SECOPT concluye en 1988 los trabajos de remodelación de la Administración Central de Correos en Tegucigalpa.

CUADRO DE PROYECTOS E INVERSIONES REALIZADAS A DICIEMBRE 1988
DEPARTAMENTO DE DESARROLLO URBANO

Nombre	Descripción del Proyecto	Porcentaje Ejecutado del Estudio	Inversión Realizada	Observaciones
1.	Elaboración del Estudio: Plan Regulador de Desarrollo Urbano Rural de Juticalpa y Catacamas	90%	L. 37,184.02	Están pendientes: la revisión del documento final y trabajos de impresión para la publicación respectiva
2.	Elaboración del Estudio: Guía de Desarrollo Urbano de La Lima	90%	L. 38,292.50	Están pendientes: la revisión del documento final y los trabajos de imprenta para la publicación respectiva.
3.	Elaboración del Plan Regulador de Crecimiento y Desarrollo Urbano de las Islas de la Bahía (Roatán, Guanaja y Utila)	60%	L. 29,192.50	De este proyecto queda pendiente la formulación de políticas y propuestas, revisión del documento final e impresión del mismo
4	Asistencia técnica a varias municipalidades del país:		L. 89,462.34	Los gastos reportados fueron utilizados en viáticos y compra de material y equipo, con el propósito de proporcionar asistencia técnica y para la construcción de obras de mejoramiento urbano en diferentes localidades del país. De esta asistencia no se mencionan algunos proyectos en este cuadro debido a que han sido ejecutados por otras unidades de esta dirección. Los porcentajes de ejecución se presentan individualmente por cada subproyecto de este programa.
	a) Guía de Desarrollo Urbano de Macuelizo (Santa Bárbara)	40%		
	b) Delimitación del Área Urbana de El Progreso, Yoro	100%		
	c) Delimitación del Área Urbana de Yocón, Olancho	100%		
	d) Delimitación del Área Urbana de Lepaera, Lempira	100%		
	e) Delimitación del Área Urbana de La Masica, Atlántida	100%		
	f) Delimitación del Área Urbana de Sulaco, Yoro	90%		

CARRETERAS
PROYECTOS TERMINADOS EN 1988

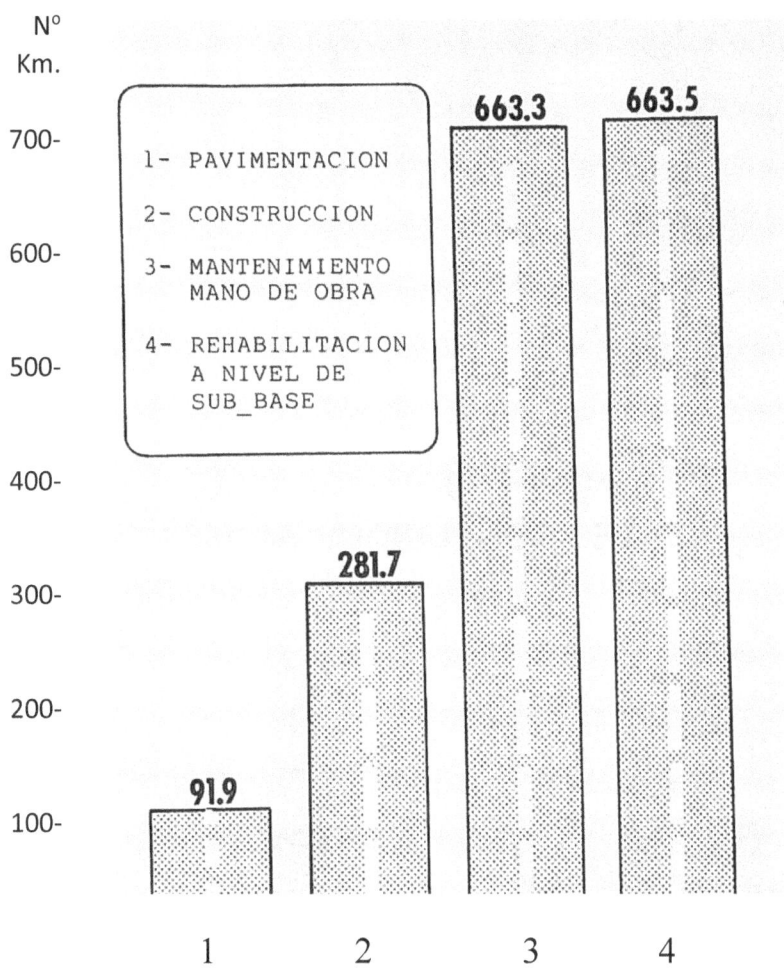

N°
Km.

1- PAVIMENTACION

2- CONSTRUCCION

3- MANTENIMIENTO MANO DE OBRA

4- REHABILITACION A NIVEL DE SUB_BASE

91.9 — 1
281.7 — 2
663.3 — 3
663.5 — 4

ACTIVIDADES

Equipo trabajando en la conformación de superficie en el proyecto: "El Hatillo-La Tigra". Desarrollado por la Dirección General de Mantenimiento

SECOPT concluye la construcción de la carretera La Guama-Peñas Blancas-Caracol. En esta obra se utiliza concreto hidráulico.

PUENTES CONCLUIDOS EN 1988
(EN METROS LINEALES)

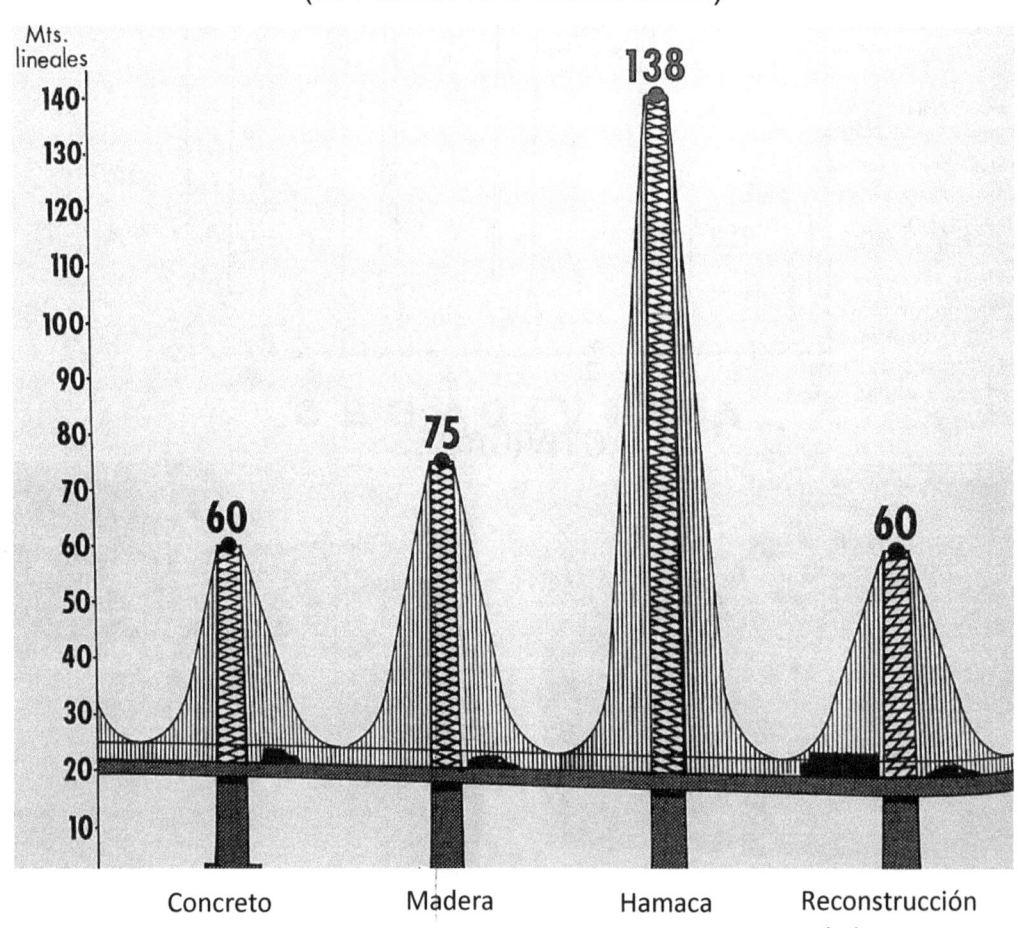

SECRETARÍA DE RECURSOS NATURALES

ÁREA DE FOMENTO DE LA PRODUCCIÓN AGRÍCOLA

Seguridad alimentaria

Para cumplir con el objetivo de incrementar la producción de alimentos básicos para satisfacer las necesidades de la población hondureña, se intensificó la asistencia técnica, favoreciendo a 41,159 productores, distribuidos en un 58% en independientes y un 42% en grupos del sector reformado; asimismo, se asistieron 1,013 grupos de mujeres y jóvenes que cuentan con 51,238 socios (ver Anexo No. 1-A). El área total asistida en granos básicos asciende a 144,338.8 hectáreas, en las cuales se logró una producción de 277,212.8 toneladas métricas. Cabe señalar que, a pesar de que hubo condiciones climatológicas adversas, sobre todo las inundaciones ocasionadas a mediados del año por el huracán Gilbert, se obtuvo incremento en la producción con respecto al periodo anterior de 95,537.2 toneladas métricas (ver Anexo No.1).

En el área de investigación agrícola se ha logrado validar el sistema de rotación de maíz y frijol de abono que permite mejorar el nivel de fertilidad y estructura del suelo, control de malezas y conservación de la humedad.

Para apoyar la actividad productiva se produjeron 6,500 quintales de semilla mejorada de maíz, 5,500 de arroz, y se espera una producción de 6,000 quintales de semilla de frijol, 2,000 de sorgo y 5,000 de soya.

Por otra parte, el Proyecto Postcosecha promocionó y distribuyó 4,250 silos metálicos que representan 102,000 quintales de granos básicos almacenados beneficiando a 3,000 familias a nivel nacional.

En el campo pecuario, a través del Departamento de Fomento Ganadero, se atendieron 620 fincas en 17 rutas. Asimismo, se brindó asistencia técnica a 275 productores en alimentación y salud del ganado vacuno. Se llevaron registros genealógicos en 168 fincas, levantándose 6,195 certificaciones.

En Salud Animal, la prevención de enfermedades enzoóticas se realizó mediante las campañas de vacunación, aplicándose a 2,000 animales contra: Newcastle, carbunco sintomático, septicemia hemorrágica. En las enfermedades exóticas se detectaron e investigaron 70 brotes de enfermedades vesiculares. Se proporcionaron los servicios de inseminación artificial, realizando un total de 2,302 inseminaciones con semen de razas pardo suizo, Holstein y Braham. Se efectuaron 15,166 exámenes en microbiología, parasitología, serología y patología; se produjeron 1,720 vacunas anti papilomatosas, 1,050 de colibacilosis, 9,318 de cólera porcina, 230,000 dosis de vacuna antirrábica canina. 17,200 dosis antirrábica humana y 5,000 ml. Antígenos contra pasteurelosis.

En el Centro Nacional de Ganadería se vendieron 267 toretes y vaquillas de carne y leche, generando ingresos por 48,808 lempiras. En Normas y Control Pecuario se otorgaron 1,827 permisos de importación y 881 de exportación.

Diversificación agrícola y fomento a las exportaciones

El Proyecto del Plátano brindó asistencia técnica a 2,899 hectáreas, beneficiando a 987 productores.

ÁREA DE MEJORAMIENTO DE LOS SERVICIOS AGRÍCOLAS EN APOYO A LAS NECESIDADES BÁSICAS DE LA POBLACIÓN RURAL

Desarrollo rural

Con el propósito de mejorar las condiciones de vida de la población rural, la Secretaría de Recursos Naturales, en coordinación con otras instituciones del Sector Público, mantiene en ejecución 5 proyectos de desarrollo rural integrado, cuya inversión global asciende a 164.2 millones de lempiras (ver Anexos No.2)

El Proyecto Marcala Goascorán desarrolló 1,178 eventos de capacitación y brindó asistencia técnica en 2,143.3 hectáreas de granos básicos y otros cultivos, beneficiando a 1,542 productores. Realizó obras de conservación de suelos en 202.8 hectáreas e instaló 20 viveros que produjeron 110,000 plantas. También construyó 16 edificios escolares, 16 casas comunales, 2 puentes y dio mantenimiento a 108 kilómetros de carretera.

El Proyecto de Desarrollo de Santa Bárbara (PRODESBA) asistió técnicamente 3,633.6 hectáreas cultivadas de granos básicos y otros rubros, favoreciendo a 4,235 personas, habiendo otorgado créditos por valor de 1,492.3 miles de lempiras. Llevó a cabo 15 parcelas de pruebas de maíces de altura y 25 ensayos de maíz, frijol y arroz. Además, atendió 6,771 pacientes en campañas odontológicas, construyó 119.8 kilómetros de caminos y dio mantenimiento a 80.3 kilómetros.

El Proyecto de Desarrollo de la Región de Yoro dio asistencia en 2,861.4 hectáreas de granos básicos y otros cultivos, beneficiando a 5,032 personas, habiéndose destinado 559.2 miles de lempiras en créditos productivos. Se instalaron 16 bodegas para almacenamiento colectivo y se distribuyeron 154 sistemas de almacenamiento. Además, se construyeron 10 centros de salud, 200 letrinas y 21.2 kilómetros de caminos. En el ramo de educación se cuenta con 38 centros de educación con 873 alumnos.

El Proyecto de Desarrollo La Paz-Intibucá conjuntamente con la Dirección Regional Suroccidental asistió 3,207 hectáreas de granos básicos y otros cultivos, beneficiando a 105 comités agrícolas y 64 subcomités de mujeres y jóvenes. En el cultivo de papa se distribuyeron 2,078 quintales de semilla certificada, se benefició a 328 agricultores en 236 hectáreas y a nivel de invernadero se logró producir 10,086 tubérculos de las variedades Atzimba, Tollocan, Alpha, Clon 720072, Clon 720057, Clon 676008.

ÁREA DE CONSERVACIÓN Y MANEJO DE LOS RECURSOS NATURALES RENOVABLES Y PROTECCIÓN DEL MEDIO AMBIENTE

Recursos renovables

Se emitieron las resoluciones para la protección de varias especies marinas, la regulación de su explotación y su comercialización, habiéndose otorgado 4,467 permisos de exploración pesquera y realizado 3,579 inspecciones a establecimientos y empresas. Se contribuyó a mejorar la dieta alimenticia de la población rural mediante el programa acuícola que distribuyó 634,415 alevines.

Recursos hídricos

Se rehabilitaron y construyeron 5 sistemas de riego y se inició la construcción de 5 que cubren una superficie de 571.3 hectáreas, ubicados en las regiones: norte, central, centro occidental y Litoral Atlántico. Se concluyó el diseño final del Proyecto de Desarrollo de la Cuenca del Río Choluteca, que comprende un área de 27,000 hectáreas; se diseñaron, además, 38 proyectos en diferentes regiones del país. Con financiamiento del Gobierno del Japón se ejecutó el Proyecto de Rehabilitación de Emergencia de los Distritos de Riego del Valle de Comayagua, con el que se logrará incrementar el área de riego de 1,688 hectáreas a 2,880 hectáreas. Asimismo, se otorgó financiamiento por 874 miles de lempiras para la construcción de 13 sistemas de riego.

Recursos naturales no renovables

Se continuó trabajando en el Inventario Minero Nacional, realizándose 53 visitas a minas, 500 exploraciones en la zona este del país y 3 estudios geofísicos en San Antonio de Oriente, Goascorán y Agalteca; se realizó el mapeo geológico regional de 1,819 kilómetros cuadrados en las zonas de San Martín, El Limón, San Félix, El Cuyal y La Vaca y se finalizó el informe geológico minero del sector de Campamento.

PROYECTOS EN NEGOCIACIÓN

La Secretaría de Recursos Naturales gestionó una serie de proyectos a ejecutarse en el año 1989, los cuales se detallan a continuación: Segunda Etapa de la Campaña de Control de la Sigatoka Negra; Segunda Etapa del Proyecto Demostrativo Agrícola en La Esperanza; Plan de Desarrollo de la Región de Occidente (PLAN-DERO); Proyecto de Desarrollo Rural Integrado para los Departamentos de Choluteca y Valle (DRI-SUR); Plan de Desarrollo de la Región del Trifinio (Sub región de Honduras); Uso de la Tierra y Mejoramiento de la Productividad; Desarrollo Agrícola del Valle del Guayape y Programa de Investigación, Extensión Agropecuaria Tercera Etapa y Desarrollo Agrícola Bajo Riego en el Valle de Nacaome. La inversión total de los anteriores proyectos asciende a 338.5 millones de lempiras y beneficiará aproximadamente a 389,997 personas.

EDUCACIÓN AGRÍCOLA

Se brindó capacitación a 3,797 técnicos y 11,600 productores agrícolas; asimismo, se becaron 156 técnicos.

La Escuela Nacional de Agricultura inició la construcción de una biblioteca moderna y otras obras de menor escala; además, creó la Unidad de Investigación y Extensión, con lo que proyectará su asistencia técnica más allá de las aulas. Es importante mencionar que, durante el presente año, se graduaron 38 agrónomos aptos para incorporarse al proceso de explotación agropecuaria del país. La Secretaría de Recursos Naturales contó en 1988 con un presupuesto total de 147.7 millones de lempiras, de los cuales se ejecutaron

121.2 millones, que representan el 82% de 91.4 millones de lempiras, de los cuales se ejecutaron 67.5 millones, representando 73% de ejecución.

SECRETARÍA DE RECURSOS NATURALES ÁREA ASISTIDA (HAS) Y PRODUCCIÓN OBTENIDA (TM) AÑO 1988								
	SUPERFICIE ASISTIDA				PRODUCCIÓN			
	PRIMERA	POSTRERA	TOTAL	%	PRIMERA	POSTRERA	TOTAL	%
MAÍZ	69,957.8	20,339.6	90,297.4	62.56	152,687.3	39,882.4	192,569.7	69.47
FRIJOL	9,480	17,714.1	27,194.1	18.84	5,489.5	13,569.3	19,058.8	6.88
ARROZ	9,419.7	2,721.4	12,141.1	8.41	33,092.2	9,351.8	42,444	15.31
SORGO	8,026.5	6,389	14,415.5	9.99	11,354.3	11,083.5	22,437.8	8.09
SOYA	197	93.7	290.7	0.20	584.7	117.8	702.5	0.25
TOTAL	97,081	47,257.8	144,338.8	100	203,208	74,004.8	277,212.8	100
FUENTE: INFORMES ANUALES DE LOGROS DE LAS DIRECCIONES REGIONALES 1988.								

SUPERFICIE ASISTIDA DE GRANOS BÁSICOS (HECTÁREAS) AÑO 1988-89

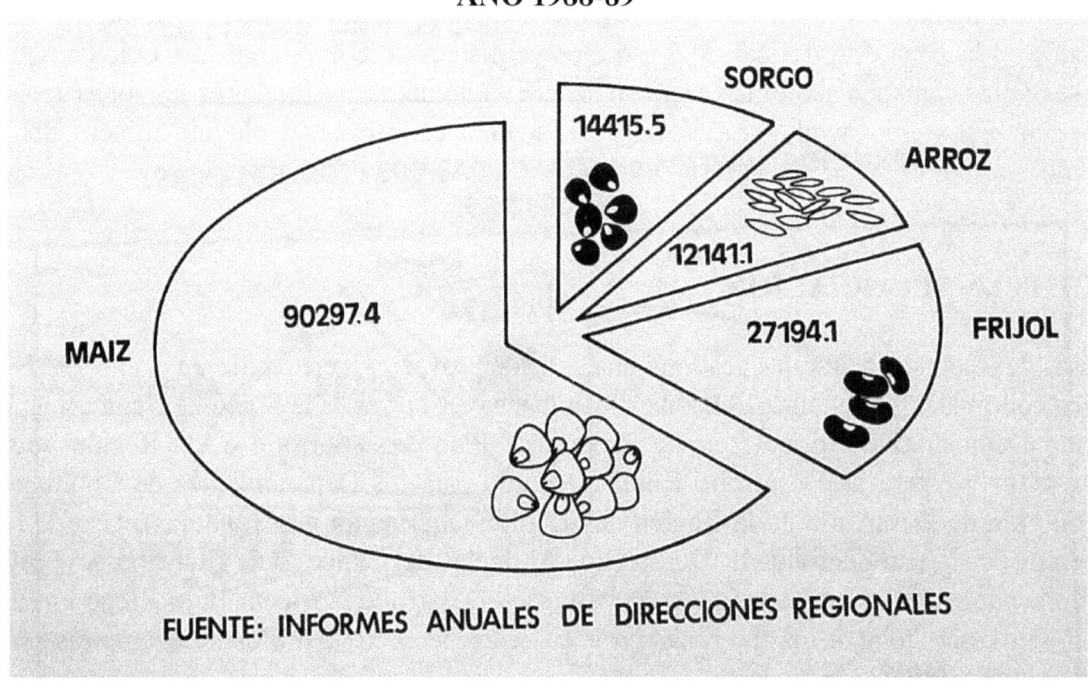

FUENTE: INFORMES ANUALES DE DIRECCIONES REGIONALES

ANEXO No. 1-A
PRODUCTORES ASISTIDOS POR LA SECRETARÍA DE RECURSOS NATURALES EN LOS CICLOS DE PRIMERA Y POSTRERA 1988

Regiones	Sector reformado		Sector no reformado			Otras organizaciones	
	Grupos	Socios	Cal.	Socios	Independ.	Grupos	Socios
1. Sur	200	3,124	232	3,588	125	83	1,226
2. Centro Occidental	67	1,139	46	615	292	65	824
3. Norte	165	3,293	48	579	243	19	239
4. Litoral Atlántico	117	1,745	19	246	203	28	271
5. Centro Oriental	32	384	32	425	746	296	253
6. Sur Oriental	18	305	-	-	23	10	139
7. Occidental	52	957	219	4,516	-	77	1,161
8. Noroccidental	67	1,824	91	1,286	-	95	1,125
9. Sudoccidental 1/	21	504	74	1,006	108	16	204
10. Nororiental	71	2,640	30	373	87	1	32
11. Central	77	1,432	400	5,966	3,385	323	4,605
TOTAL	887	17,347	1,191	18,600	5,212	1,013	10,079

1/ *Datos reportados en el Informe Semestral 1988*
    FUENTE: Informes Anuales de Logros, 1988

GRAN TOTAL DE PRODUCTORES ASISTIDOS 51,238

PRODUCCIÓN ASISTIDA DE GRANOS BÁSICOS (TON. MÉTRICAS) AÑO 1988-89

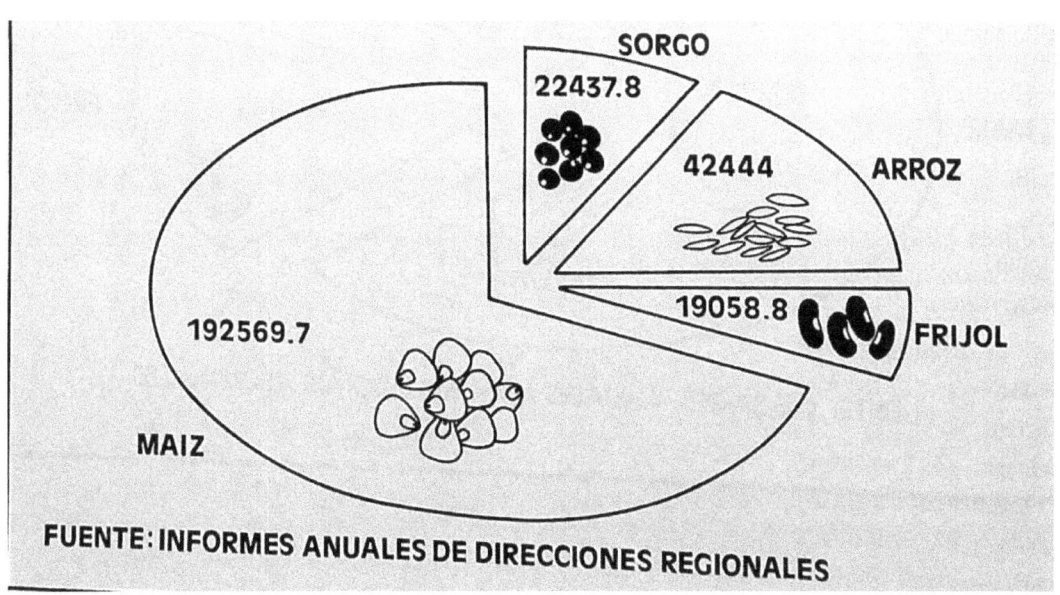

FUENTE: INFORMES ANUALES DE DIRECCIONES REGIONALES

ANEXO 2
RESUMEN DE LAS PRINCIPALES ACTIVIDADES DESARROLLADAS POR LOS PROGRAMAS DE DESARROLLO RURAL INTEGRADO

ACTIVIDADES	UNIDAD DE MEDIDA	PRODESBA	DRI-YORO	MARGOAS	REFORZ. A LA REFORMA AGRARIA	LA PAZ INTIBUCA	TOTAL
1. Costo total	Miles de Lps.	62,138.2	15,000	27,900	14,201	45,000	164,239.2
2. Asistencia técnica				2,143.3	11,512	3,207	23,357.3
Área asistida	Has.	3,633.6	2,861.4				
Productores asistidos							
-Grupos del sector reformado	Grupos	67	50	-	29	-	146
-Grupos del sector no reformado	Grupos	91	16	135	63	105	410
-Productores independientes	No.	-	-	-	622	-	622
-Grupos de mujeres y jóvenes	Grupos	95	29	-	99	64	287
-Otras organizaciones	Grupos	-	2	194	-	-	196*
3. Asistencia crediticia							
-Montos otorgados	Miles de Lps.	1,492.3	559.2	760	4,450.8	-	7,262.3
4. Capacitación							
-Charlas	No.	-	8	127	3	256	394
-Cursos	No.	412	140	1	15	-	568
-Demostraciones	No.	-	5	675	3	-	683
-Seminarios	No.	2	9	321	2	-	334
-Talleres	No.	2	135	-	-	1	138
-Otros	No.	256	-	-	1	16	273
5. Tecnología intermedia							
-Construcción y distribución de silos	No.	151	157	62	160	-	530
-Arados de tracción animal distribuidos	No.	-	-	-	10	-	10
6. Actividades socioeconómicas							
-Huertos familiares	No.	-	20	319	474	-	813
-Huertos comunales	No.	-	-	-	38	-	38
-Proyectos apícolas	No.	-	-	2	-	-	2
-Tiendas de consumo	No.	-	-	3	4	-	7
-Mejoramiento de viviendas	No.	-	60	-	819	-	879
7. Construcciones							
-Agencias de extensión	No.	-	-	-	3	-	3
-Caminos	Km.	119.8	21.2	-	46.4	-	187.4
-Sistemas de riego	No.	1	1	9	4	-	15
-Letrinas	No.	100	200	-	-	-	300
-Pozos de agua	No.	-	1	-	-	-	1
-Escuelas rurales	No.	56	5	-	-	-	61
-Acueductos (mejoramiento)	No.	-	5	3	2	-	10
-Centros de salud (mejoramiento)	No.	-	2	2	-	-	4

-Centros de acopio	No.	-	-	2	-	-	2
8. Medio ambiente							
-Plantación de árboles	No. árboles	-	4,700	-	-	-	4,700
-Conservación de suelos	Has.	128.3	-	202.8	210	176	717.1

*Se refiere a Patronatos Comunales y Municipales.

FUENTE: Informes Anuales de Logros.

Cultivo de Algodón. La Secretaría promueve estos cultivos como una política de diversificación

La Secretaría, durante 1988, proporcionó asistencia técnica a diversos proyectos apícolas.

Continuamos proporcionando asistencia técnica en variedades de Sorgo para mejorar la producción de este grano.

"PROYECTO PRODESBA". Grupo de mujeres recibiendo instrucciones en siembra de hortalizas en solares, aldea Los Bancos.

Vista aérea de las instalaciones del Centro de Entretenimiento de Desarrollo Agrícola CEDA-Comayagua.

SECRETARÍA DE EDUCACIÓN PÚBLICA

Las principales obras realizadas y logros obtenidos en 1988 son los siguientes:

En educación preescolar se construyeron 300 juegos de mobiliario, a un costo de L. 33,000.00.

En educación primaria se logró una dotación de mobiliario de 15,040 unidades, por L. 617,000.00.

Se construyeron 661 aulas por un monto de L. 5,746,861.57.

Se repararon 138 edificios escolares a un costo de L. 1,806,407.74.

En educación media se construyeron 260 aulas a un costo de L. 6,706,532.93.

Se repararon 15 edificios a un costo de L. 37,084.04 y se invirtieron L. 937,651.69 en la construcción del Edificio de Informática.

LOGROS OBTENIDOS

Resumen general Descripción	Cantidad	Crecimiento Relativo (%)
Educación preescolar		
a. Matrícula	54,890	6.1
b. Jardines	844	7
c. Docentes 1/	1,682	5.2
Educación primaria		
a. Matrícula	851,526	3.9
b. Escuelas	7,275	3
c. Docentes	23,790	42.9
1/ Incluye 145 voluntarios		
Educación media		
a. Matrícula	272,094	40.3
b. Colegios 1/	590	31.7
c. Docentes 2/	10,884	42.9
Escuela Superior del Profesorado "Francisco Morazán"		
a. Matrícula (3,106 en educación a distancia)	7,239	12.1
b. Centros	2	-0-
c. Docentes	254	16.5
Educación de adultos		
a. Matrícula	38,434	32.3
b. Escuelas 3/	220	-0-
c. Centros 3/	470	-0-
d. Docentes	1,318	29.3
TOTAL		
a. Matrícula	1,246,214	11.1

b. Centros escolares	9,400	10.4
c. Docentes	37,928	15.8

Además, en educación media, se matricularon 1,015 docentes en el Programa de Profesionalización de Maestros en Educación Primaria y, en la Escuela Superior del Profesorado "Francisco Morazán", 54 docentes que, sin acreditar título, trabajan en establecimientos de educación técnica.

1/ Algunos colegios se cuentan 2 veces, cuando en ellos, además de educación técnica, se imparten otras modalidades.

2/ El incremento anual se calcula en horas-clase, las que generalmente se asignan a docentes ya en servicio.

3/ Generalmente funciona en escuelas de educación primaria (regulares)

Logros por niveles educativos

Educación preescolar

Docentes capacitados	1,933
Alumnos beneficiados	10,925

Educación primaria

Dotación de:

Esferas	200
Pabellones nacionales	500
Bolsas de C.S.M. y leche	114,124
Quintales de azúcar	700
Alumnos beneficiados	417,520

Bibliotecas escolares abiertas — 14

Volúmenes distribuidos	9,146
Alumnos atendidos	133,315
Maestros atendidos	9,052
Libros distribuidos	25,088

Capacitación docentes

Con el proyecto "Eficiencia de la Educación Primaria" (Maestros)	9,635

Bibliotecarios informados 207
Seminarios sobre música y
materiales educativos 7

Supervisión

Concentraciones 218
Giras 442
Sociedades de padres de familia 7,000
Alumnos beneficiados 347,200

Educación especial

Alumnos incorporados 2,180
Aulas recurso organizadas 21
Maestros capacitados 735

Educación media

Graduados 18,467

Bachilleres (4 modalidades) 5,245
Maestros (3 modalidades) 3,334
Peritos mercantiles y
contadores públicos 6,276
Secretarias (3 modalidades) 2,207
Bachilleres y técnicos 837
Profesores 271

Diplomados 1,629

Experimentación del Plan de
Auxiliares Domésticas y
Educadores Infantiles.
Puesta en marcha del
Bachillerato en Computación.
Diseño del peritaje en peletería.,
madera e industria doméstica.

Capacitación en servicio

Acciones de capacitación 222
Docentes beneficiados 6,157
Especialistas (4 meses) 47

Supervisión

Institutos visitados	62
Reuniones de trabajo	6

Registro nacional de estudiantes

Institutos	354
Estudiantes traslados	470
Carnets repuestos	500

Escuela Superior del Profesorado "Francisco Morazán"

Actividades técnicas (visitas, talleres, seminarios, etc.)	65
Maestrías en el exterior	6
Investigaciones de los alumnos	126

Educación de adultos

Centros de cultura popular creados	2
Personas capacitadas	908
Supervisión	
1) Visitas	1,260
2) Reuniones de trabajo	203
Proyectos ejecutados	31

Educación física y deportes

Cursos a docentes	34
Gimnasiadas	4
Ligas deportivas organizadas	78
Campeonatos colegiales	134
Alumnos atendidos	38,292
Premios otorgados	129

Proyectos

Proyecto "Eficiencia de la Educación Primaria" (AID)

Producción de 1,040 libros de texto y 40,000 guías para maestros.
Distribución de 10,000 manuales para maestros.
Diseño de una base de dato y dotación de una microcomputadora con su correspondiente impresora.

Realización de cinco evaluaciones investigativas.
Elaboración de ítems y aplicación de pruebas.
Construcción de 299 aulas.

Coordinación Suiza para el Desarrollo (COSUDE)

Capacitación de 30 alfabetizadores.
Organización de 17 centros de alfabetización.

Instituto Nacional de Investigación y Capacitación Educativa "Inice" (Misión japonesa)

Construcción del edificio (40% de avance).
Diseño de capacitación e investigación sobre matemática.
Capacitación de 700 docentes.

Planificación regional y mejoramiento de la Administración y Supervisión de la Educación Primaria Rural (Banco Mundial).

Capacitación de 40 funcionarios.
Diagnóstico de la Secretaría de Educación.

Programa de Educación en Población (FNUAP)

Manual para neolectores (10,000 ejemplares).
Feria Educativa de Adultos.
13 acciones técnicas (1 seminario, 10 visitas, etc.)

En términos generales en educación primaria, el resultado académico obtenido durante el año escolar de 1988		
Matrícula inicial	851,526	100%
Matrícula al final	818,548	96.12%
Deserción	32,978	3.18%
Retención	818,546	96.12%
Evaluados	818,548	100%
Aprobados	693,885	84.77%
Reprobados	124,663	15.23%

NIVEL DE EDUCACIÓN	ALUMNOS MATRICULADOS	
	1987	1988
EDUCACIÓN PREESCOLAR	51,637	54,890
EDUCACIÓN PRIMARIA	829,501	873,557
EDUCACIÓN MEDIA	180,567	83.759
ALFABETIZACIÓN Y EDUCACIÓN PARA ADULTOS	36,067	38,434

MATRICULA 1988 (PRIMARIAS)

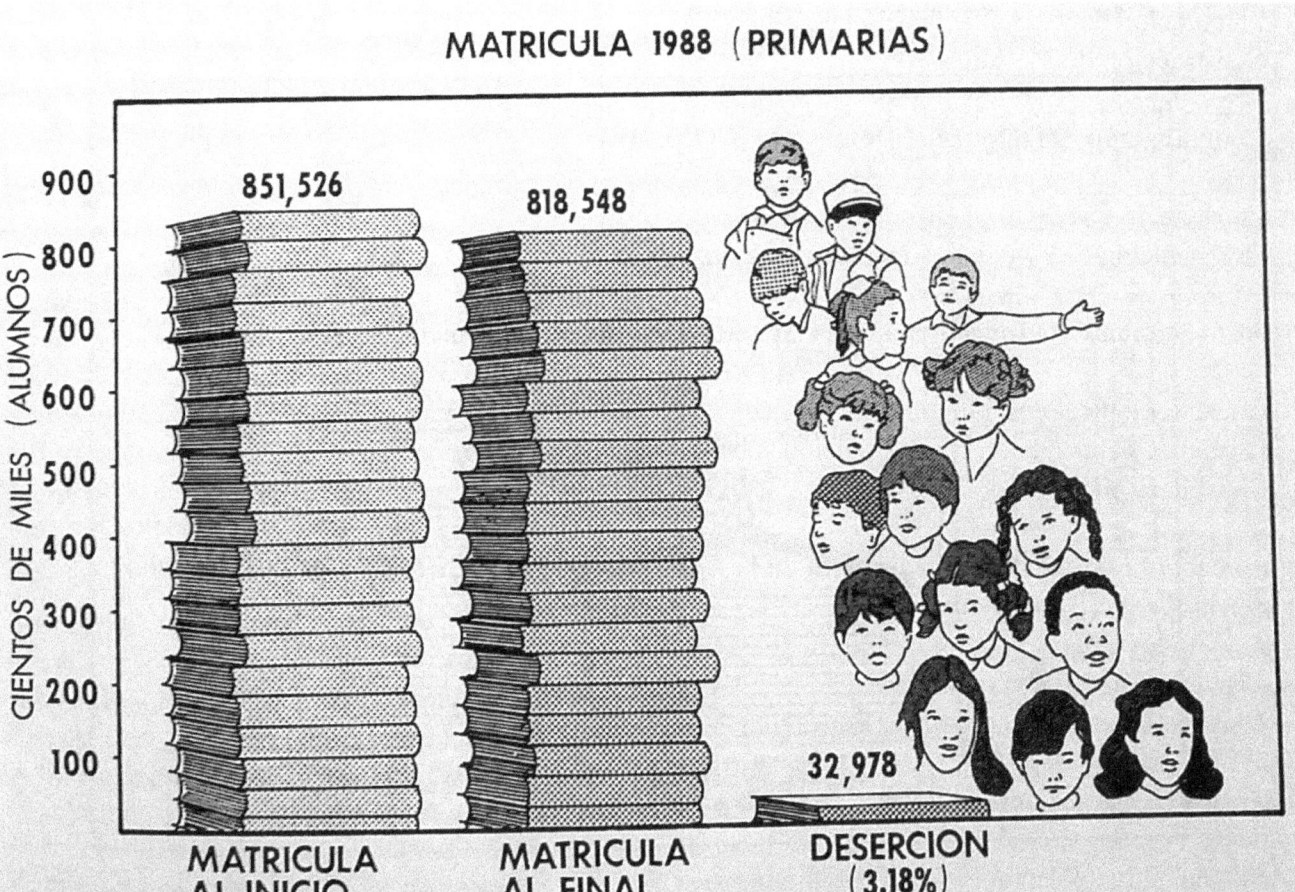

CIENTOS DE MILES (ALUMNOS)

851,526

818,548

32,978

MATRICULA
AL INICIO
DEL AÑO
(100%)

MATRICULA
AL FINAL
DEL AÑO
(96.12%)

DESERCION
(3.18%)

El presidente José Azcona saluda a una maestra durante el acto de entrega de libros de texto para los miles de alumnos del primer grado.

Escuela Agrícola de Nacaome, departamento de Valle, construida por el gobierno del presidente José Azcona durante 1988.

Instituto Santa Cruz del Oro, Yoro, Depto. de Yoro 19 módulos construidos con fondos nacionales por un monto de Lps. 850,000.00.

Viviendas para los maestros de la Escuela Agrícola de Macuelizo, Santa Bárbara, inauguradas en 1988 por la administración del presidente José Azcona.

1988
CONSTRUCCIONES ESCOLARES

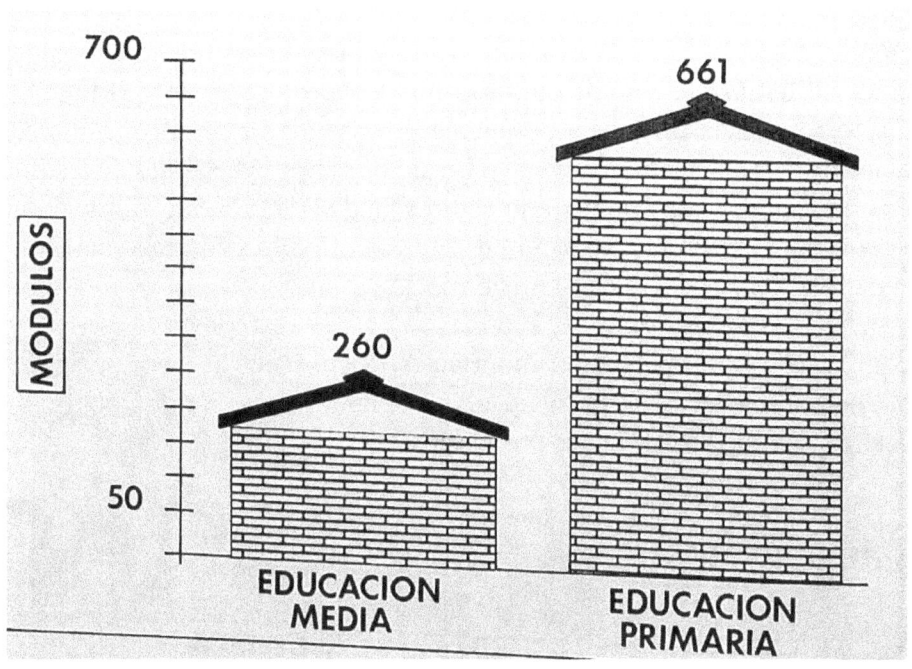

SECRETARÍA DE SALUD PÚBLICA

INTRODUCCIÓN

Los servicios de salud que presta el Estado han aumentado en los últimos años. Fundamentalmente se ha incrementado el número de Centros de Salud Rural y los Centros de Salud atendidos por médicos, como también el número de camas hospitalarias.

Las demandas crecientes de salud de la población no ha sido el único factor que exige una mayor cantidad de todo tipo de recursos; también la aparición de nuevas enfermedades, como el Síndrome de Inmunodeficiencia Adquirida (SIDA), de trascendencia social indiscutible, y los significativos incrementos salariales otorgados a los trabajadores, han demandado recursos adicionales que en general son de alto costo.

La situación de salud en Honduras, que continúa caracterizándose por la alta prevalencia de la desnutrición y de las enfermedades atribuibles al deficiente saneamiento del medio, se ha complejizado, ya que, en la actualidad, el SIDA y el alcoholismo, drogadicción y farmacodependencia se han convertido en problemas de salud de gran magnitud y trascendencia. Esta situación se agrava por la dificultad de acceder a los servicios de salud de un porcentaje considerable de la población hondureña, asimismo, por la importante cantidad de desplazados y de refugiados producto de la situación geopolítica en el istmo centroamericano.

Conscientes de su responsabilidad, el Ministerio de Salud ha concentrado sus mayores esfuerzos en solucionar los problemas de salud que representan el mayor riesgo de enfermar y morir, adecuando e incrementando la red de servicios, procurando la participación comunitaria para mejorar la accesibilidad a tales servicios y adoptando fórmulas más eficientes de conducción y gerencia.

CONDUCCIÓN Y GERENCIA

Esta administración ha asumido la responsabilidad de fortalecer la capacidad de conducir y gerenciar el Sistema de Salud, de tal forma que permita construir hoy lo que el presente y el futuro exige en términos de mejorar el impacto, la eficacia, eficiencia y equidad de los servicios de salud, como contribución de este sector a la superación de la problemática planteada. De ahí que las proyecciones de tan importante actividad tienen una duración mayor al tiempo político que corresponde a la presente administración, y es por esta razón que la misma se realiza con la convicción de que las próximas administraciones contarán con una mejor plataforma para el cumplimiento de su misión social.

En forma concomitante se ha obtenido importantes logros en la coordinación interinstitucional fundamentalmente con el I.H.S.S. y la Facultad de Ciencias Médicas de la UNAH, orientados a sumar esfuerzos para alcanzar los objetivos y metas propuestos.

PRODUCCIÓN DE SERVICIOS

En términos generales, la producción de servicios de salud en 1988 se ha incrementado debido, fundamentalmente, al aumento de los recursos humanos y de la infraestructura de establecimientos de salud.

Tal incremento se expresa en la forma siguiente:

Un aumento en el número de camas hospitalarias de 3,555 en 1986 a 3,699 en 1988. Con ello se ha logrado una mayor capacidad de internamiento, produciéndose 136,227 egresos en 1988 contra 125,911 en 1986. Asimismo, se aumentó el número de consultas ambulatorias, siempre a nivel de hospitales de 1,346,038 a 1,509,887 para el mismo periodo. Fue puesto en marcha el Hospital de Puerto Lempira en el Depto. de Gracias a Dios y las Clínicas Materno-Infantiles (con internamiento) de Marcala en el Depto. de La Paz y de Yuscarán, El Paraíso.

El número de consultas ambulatorias brindadas en Centros de Salud atendidos por médicos (CESAMO) aumentó de 1,048,916 en 1986 a 1,418,176, todo ello debido al funcionamiento de 41 nuevos CESAMOS en el periodo.

A pesar de que el número de CESARES se incrementó de 519 en 1986 a 125 en 1988, el número de atenciones brindadas en estos establecimientos disminuyó discretamente de 1,032,451 a 1,012,996 en 1988; tal resultado se debió a la necesidad de convertir en CESAMO algunos de estos establecimientos dada la excesiva demanda de atenciones que tenían.

En relación al año anterior, se incrementó el número de atenciones brindadas por los agentes comunitarios de salud. De 4,746 atenciones brindadas en 1987 por la Partera Empírica Adiestrada se aumentó a 4,919 en 1988. De 283,604 atenciones brindadas en 1987 por el Guardián de Salud se aumentó a 285,165 atenciones en 1988.

En lo que a problemas prioritarios en salud se refiere, las actividades realizadas fueron las siguientes:

En el Programa Ampliado de Inmunizaciones, se estimó que para 1988, un total de 882,906 niños menores de 5 años deberían haber completado su Esquema de Vacunación. En tal sentido, se completó el esquema al 82% de esos niños con vacuna antipoliomielítica; al 72.4% con vacuna tripe o DPT; al 76% con vacuna antisarampionosa; y al 78.1% con vacuna antituberculosa (BCG).

En relación a las infecciones respiratorias agudas se logró brindar atención a 405,757 niños menores de 5 años.

En lo referido a las enfermedades diarreicas agudas, se atendieron 252,396 casos en niños menores de 5 años.

Para 1988 se programaron 1,168,431 actividades relacionadas con el embarazo, parto y puerperio, habiéndose realizado 830,856 distribuidas así: 469,707 (56%) atenciones prenatales; 110,691 (13%) partos atendidos; 160,856 (19.4%) atenciones a puérperas; y 89,602 (10.8%) atenciones de planificación familiar. Tales actividades son la suma de lo realizado tanto por el personal institucional como por las parteras empíricas adiestradas, superando aproximadamente en un 26% lo realizado en el año anterior.

Referido a la tuberculosis, se realizaron un total de 63,191 exámenes de esputo (Baciloscopia) con lo que se detectaron 4,091 casos nuevos de tal enfermedad. Estos resultados son congruentes con una mejoría en las actividades que se realizan para su detección y tratamiento.

En relación a las enfermedades de transmisión sexual y SIDA, se atendieron 7,098 casos de Gonorrea y 4,374 casos de Sífilis; para ambas enfermedades ha habido una disminución del 16% y 25%, respectivamente, en comparación al año pasado. En cambio, se ha incrementado la detección del SIDA, presentándose 115 casos en 1988 de un total de 196 detectados hasta la fecha.

En cuanto al control de la rabia, en el presente año se presentó 1 caso de rabia humana en comparación con 6 casos del año anterior. Se aplicó tratamiento antirrábico a 1,032 personas mordidas. Un total de 291,112 canes fueron vacunados y 18,433 canes eliminados. Asimismo, se realizaron 298 exámenes de animales sospechosos de rabia, habiéndose confirmado la enfermedad en 101 casos. Además, 2,563 perros agresores fueron observados clínicamente, lo que ha permitido mejor el tratamiento.

En cuanto al control de la Malaria, en el presente año se observa un incremento de casos de Paludismo por Plasmodiua vivaz de 10,095 detectados en 1987 a 20,794 en 1988 (incremento de 8.9%), debido, fundamentalmente, al aumento de la precipitación pluvial observada en los últimos 4 meses en el país y a los movimientos migratorios de desplazados y refugiados. Sin embargo, se observó un descenso de los casos de Malaria producidos por el Plasmodiua falciparua, que ocasionan la mayor parte de los casos mortales por Malaria, de 745 en 1987 a 217 en 1988, o sea, un descenso del 70.9%.

El alcoholismo, drogadicción y farmacodependencia son entidades que en los últimos años han aumentado en forma alarmante. Durante 1987 se emitió el Decreto 70-87, de creación del Instituto Hondureño para la Prevención y Tratamiento del Alcoholismo, Drogadicción y Farmacodependencia. Este organismo tuvo su correspondiente asignación presupuestaria, y se nombró el personal directivo, iniciando sus labores en el tercer trimestre.

En apoyo a los esfuerzos nacionales, se destaca la gestión del M.S.P. para la aprobación del proyecto Sector Salud II, con una duración de 6 años, financiado con fondos de donación de la AID, con un costo de alrededor de US$ 72 millones, orientados a la supervivencia infantil. Asimismo, se logró como donación de parte del Gobierno del Japón, la sustitución del Hospital San Francisco de Juticalpa, Olancho, y el requerimiento de 8 hospitales.

OTRAS ACTIVIDADES REALIZADAS

Conviene destacar la labor que realizan los Servicios Móviles y Emergencias Nacionales, quienes brindan atención en salud a las comunidades más alejadas del país que no cuentan con unidad prestadora de servicios y en las zonas afectadas por desastres. En 1988 dichos servicios fueron prestados a 118 comunidades, brindando un total de 16,375 atenciones médicas, y se aplicaron 29,210 dosis de las vacunas del Programa Ampliado de Inmunizaciones.

En el área de la salud mental, en el presente año se ubicó personal médico capacitado en las sedes de las regiones de salud, fortaleciendo los Departamentos de Salud Mental Regionales, con el propósito de desconcentrar la atención del paciente psiquiátrico que en años anteriores era realizada casi exclusivamente en los hospitales psiquiátricos. En tal sentido, a ese nivel se realizaron un total de 22,062 atenciones clínicas, y en la comunidad se logró la incorporación a actividades de salud mental grupales de un total de 43,138 personas.

En lo que a salud oral se refiere, se brindó tratamiento restaurativo a un total de 44,676 niños, y se brindó tratamiento preventivo con aplicación de flúor a 309,547 niños matriculados en escuelas públicas. Asimismo, se brindaron 92,770 atenciones odontológicas a personas adultas.

Con el objeto de desarrollar los recursos humanos, se otorgaron 22 becas en el exterior para 16 especialidades clínicas y 6 para administración de servicios de salud. Ante la apertura y puesta en marcha de 4 nuevos hospitales, se duplicó la capacitación de auxiliares de enfermería y técnicos medios, formándose un total de 250 auxiliares de enfermería y 50 técnicos medios (laboratorio, RX y anestesia).

En el área de Mantenimiento e Ingeniería se destacan la finalización de la construcción de almacenes de medicamentos en San Pedro Sula, Comayagua, Juticalpa, Santa Rosa de Copán y Choluteca. Asimismo, se finalizó la construcción de bodegas para insecticidas en Santa María del Real, Olancho; Villa de San Antonio, Comayagua; San Lorenzo, Valle; Olanchito, Yoro. También se ampliaron y mejoraron los centros de salud de las colonias 3 de mayo, San Miguel y Nueva Suyapa, en Tegucigalpa. Se finalizó también en el Distrito Central el edificio que albergará al Centro para el Estudio y Control de Sustancias Contaminantes.

El presente año ha concluido con grandes avances en el proceso organizativo y de capacitación de sus recursos humanos del Hospital Noroccidental de San Pedro Sula, que comenzará a funcionar el año próximo.

Se ha continuado la extensión de la red de laboratorios, fundamentalmente en las regiones de salud 4, 5, 6, y 7, con el propósito de mejorar la calidad del diagnóstico. Asimismo, 9 nuevos laboratorios para el diagnóstico del SIDA fueron montados en distintas zonas del país.

IMPACTO EN SALUD

Con el propósito de ofrecer una visión sobre el impacto de las acciones realizadas, se presentan los cambios operados en algunos indicadores, comparando los resultados de la Encuesta Demográfica Nacional con la Encuesta de Epidemiología y Salud Familiar de 1987, que muestran una mejoría en las condiciones de salud de la población:

a) Disminución de la tasa de mortalidad infantil de 85 por 1,000 nacidos vivos en 1983 a 62.4 por 1,000 nacidos vivos en 1987.

b) Incremento de la esperanza de vida al nacer:

— En hombres de 59.8 años en 1983 a 61.9 años en 1987.

— En mujeres de 63.7 años e 1983 a 65.2 años en 1987.

c) Disminución de la tasa global de fecundidad (hijos por cada mujer) de 6.1 en 1983 a 5.6 en 1987 a nivel nacional; de 4.5 a 3.8 en el mismo periodo a nivel urbano; y de 7.5 a 6.9 en el periodo ídem a nivel rural.

d) Disminución de la tasa de natalidad de 44 nacimientos por 1,000 habitantes en 1983 a 38 en 1987 a nivel nacional.

CASOS DE SIDA 1985 A 1988	
AÑOS	No. CASOS
1985	3
1986	12
1987	66
1988	115
TOTAL	196
FUENTE: DIVISIÓN DE EPIDEMIOLOGÍA PROGRAMA CONTROL DE E.T.S./SIDA	

LOGROS DE SANEAMIENTO BÁSICO EN CUANTO A INFRAESTRUCTURA

1988

Descripción de Actividades	Programado	Ejecutado	%	Población Beneficiada	Viviendas Beneficiadas
A. SISTEMAS DE ABASTECIMIENTO DE AGUA					
— Pozos	506	597	118%		
— Acueductos	34	34	100%	41,112	6,136
— Control de Calidad del Agua	1,600	380	24%		
B. SISTEMAS DE DISPOSICIÓN ADECUADA DE EXCRETAS					
— Letrinas de Fosa Simple	13,139	14,683	112%		
— Letrinas de Cierre Hidráulico	2,917	2,917	100%	117,920	17,600
— Fosa Séptica	14	14	100%		

FUENTE: DIVISIÓN DE SANEAMIENTO BÁSICO

COBERTURA DE VACUNACIÓN SEGÚN TIPO DE VACUNA POR GRUPO DE EDAD A NIVEL NACIONAL

1988

Grupos de Edad	Población	ANTIPOLIO		DPT		ANTISARAMPIÓN		BCG	
		Niños Inmunizados	Cobertura	Niños Inmunizados	Cobertura	Niños Inmunizados	Cobertura	Niños Inmunizados	Cobertura
Menos 1 año	191,019	186,481	98%	149,520	78%	160,377	84%	166,383	87%
1 a 4 años	691,887	580,541	84%	526,720	76%	550,563	80%	564,503	82%
Menor de 5 años	882,906	720,402	82%	638,855	72%	670,846	76%	689,291	78%

FUENTE: DIVISIÓN MATERNO INFANTIL, PROGRAMA ATENCIÓN AL NIÑO.

RENDIMIENTO DE LOS HOSPITALES DEL ESTADO SEGÚN NIVEL DE ATENCIÓN HONDURAS, C.A. 1986-1988

	NIVEL DE ATENCIÓN							
CONCEPTO	NACIONAL		REGIONAL		ÁREA		TOTAL	
	1986	1988	1986	1988	1986	1988	1986	1988
NUMERO DE CASAS	2,049	2,137	923	962	583	600	3,555	3,699
NUMERO DE EGRESOS	47,633	49,488	52,535	57,112	25,743	29,667	125,911	136,227
DÍAS ESTADA	587,740	561,655	249,495	258,383	124,890	142,348	962,125	962,386
DÍAS CAMA DISPONIBLE	786,391	744,509	333,732	350,613	211,710	217,581	1,331,833	1,312,703
PROMEDIO DÍAS ESTADA	12.3	11.4	4.7	4.5	4.9	4.8	7.6	7.1
PORCENTAJE OCUPACIONAL	74.7	75.4	74.8	73.7	59	65.4	72.2	73.3
GIRO DE CAMA	23	23	57	59	44	49	35	37
INTERVALO DE SUSTITUC.	4	3.7	1.6	1.6	3.4	2.5	2.9	2.5
MORTALIDAD 48 HORAS	0.7	0.7	0.9	1	1	1.1	0.8	0.9
MORTALIDAD 48 HORAS	2.4	2.5	1.4	1.6	1.1	0.9	1.7	1.8
OPER. MAYORES Y MENORES	18,292	19,380	20,171	25,495	5,911	273,979	44,374	318,854
EXAMEN LABORATORIO	381,359	367,291	496,700	474,537	255,462	255,462	1,133,521	1,097,290
PLACAS RADIOLÓGICAS	168,446	166,068	62,031	67,867	15,013	15,013	245,490	248,948
RECETAS	812,106	772,907	929,063	896,683	543,374	543,374	2,284,543	2,212,964
NÚMERO DE PARTOS	15,945	15,872	21,273	21,592	9,082	10,296	46,300	47,760
NORMALES	14,199	14,217	19,378	19,416	8,571	9,608	42,148	43,241
CESÁREAS	1,746	1,655	1,895	2,176	511	688	4,152	4,519
RACIONES	886,771	923,924	409,789	427,500	194,256	228,959	1,490,816	1,580,383
A EMPLEADOS	649,841	665,603	250,783	252,035	108,481	122,784	1,009,105	1,040,422
A PACIENTES	236,930	258,321	159,006	175,465	85,775	106,175	481,711	539,961
NÚMERO ATENCIONES	512,028	629,880	530,368	527,683	350,567	437,316	1,392,963	1,594,879
CONSULTA EXTERNA	440,923	533,457	373,357	346,396	246,867	320,356	1,061,147	1,200,209
EMERGENCIA	71,105	96,423	157,011	181,287	103,700	116,960	331,816	394,670

La ejecución de obras de infraestructura fue un esfuerzo constante en 1988. Aquí el mandatario inaugura las bodegas de almacenamiento de medicamentos y el taller automotriz en Juticalpa, Olancho.

En 1988 Honduras fue pionero en Centroamérica en desarrollar una campaña de vacunación antirrábica.

La División de Control de Alimentos comprueba si los alimenticios reúnen las condiciones sanitarias.

El moderno Hospital Nacional de San Pedro Sula, concluido en este periodo, está listo para brindar asistencia al pueblo.

La División de Control de Vectores contrarresta al zancudo del dengue.

SECRETARÍA DE TRABAJO Y PREVISIÓN SOCIAL

Durante el año 1988 las acciones más relevantes de este Ministerio pueden ser resumidas, a grandes rasgos, así:

— Participación activa en el conocimiento tripartito y resolución de los problemas y conflictos colectivos surgidos a los más altos niveles empresarial y sindical en: Instituto Nacional de Previsión del Magisterio (INPREMA), (enero-febrero), Empresa Standard Fruit Company (abril-mayo), Manufacturas de Cartón, S.A. (varios asuntos durante el año), Hospital Vicente D'Antoni (varios asuntos durante el año), Finca América (abril-mayo), Standard Fruit Company (septiembre), Gran Hotel Sula, Tela Railroad Company (noviembre), Junta Nacional de Bienestar Social (diciembre), y otros.

— Con intervención tripartita, la Secretaría logró la organización, reglamentaciones internas, constitución y puesta en funcionamiento del organismo conocido como Consejo Consultivo del Instituto de Habilitación y Rehabilitación de la Persona Minusválida.

— Se inscribieron 125 nuevas juntas directivas sindicales.

— Se otorgaron 15 personerías jurídicas a organizaciones sindicales y federaciones entre ellas, a la Federación Unitaria de Trabajadores de Honduras FUTH.

— También con estructura tripartita, la Secretaría logró la constitución y puesta en funcionamiento del Consejo Nacional de Empleo.

— Mediante acuerdo presidencial instado por esta Secretaría, fue creado el Consejo Nacional de Seguridad Social, presidido por el titular de la misma.

— Mediante Acuerdo Presidencial No. 345 del 6 de octubre, fue emitido el Reglamento de las Comisiones de Salario Mínimo.

Entre otras actividades desarrolladas por las diferentes dependencias de esta Secretaría fueron ejecutadas las siguientes:

— Solución conciliatoria de 18,265 conflictos individuales, produciendo el pago a trabajadores de L. 10,776,221.10.

— Solución de 9 conflictos colectivos.

— De 25 solicitudes de suspensiones de contratos de trabajo donde se afectaría a 3,024 trabajadores, después del análisis respectivo, se logró autorizar solamente 4 suspensiones, afectando a 431 trabajadores.

— Fueron registrados 38 contratos colectivos de trabajo, beneficiando alrededor de 25,000 trabajadores.

— Se practicaron 20,000 exámenes ocupacionales y pre ocupacionales.

— Se prestó asistencia a 1,160 niños a quienes se les proporcionó 1,183,820 raciones alimenticias en las diez guarderías diseminadas en diferentes lugares del país.

— Se dio seguimiento a 560 niños, en crecimiento y desarrollo.

— Se efectuaron 5,045 supervisiones sobre salario mínimo, detectando 243 infracciones, logrando que se hicieran los ajustes correspondientes por este concepto la cantidad de Lps. 36,607.00.

— Se elaboraron estudios previos a la conformación de las comisiones tripartitas encargadas de efectuar la revisión del salario mínimo.

— Se impartió capacitación a diferentes sectores del mercado laboral, sirviendo un total de 281 entre: cursos, seminarios, colaboraciones y a la vez beneficiando a 7,810 participantes.

— Se atendieron a 1,642 menores de edad que solicitaban permiso para incorporarse al mercado de trabajo, a la vez que se investigaron a 489 que se encuentran laborando en diferentes empresas.

— Se efectuaron 21,080 visitas entre: inspecciones especiales, completas y reinspecciones.

— Se investigaron 232 accidentes de trabajo.

— En concepto de séptimo día y décimo tercer mes se logró obtener a favor de los trabajadores la cantidad de Lps. 222,133.16.

— Se colocaron 7,955 personas en igual número de puestos de trabajo, de los cuales el 22.9% fueron en el mercado laboral interno y el 77.1% en empresas navieras extranjeras, especialmente norteamericanas.

El Ministerio de Trabajo capacita en este periodo a miles de jóvenes de ambos sexos en diferentes actividades productivas, a fin de que logren mejorar su situación económica.

SECRETARÍA DE CULTURA Y TURISMO

La Dirección General de Turismo, representó a nuestro país en los principales eventos turísticos de carácter internacional que se efectuaron durante el año, tales como la Feria de Turismo en Madrid, España (FITUR); la Bolsa Internacional de Turismo de Berlín, República Federal de Alemania; Encuentro Turístico de Nueva Orleans, Estados Unidos; El Show de las Américas, patrocinado por Eastern Airlines en Miami y EXPOTUR 88 en San José de Costa Rica. A dichos eventos asistió en forma coordinada con la Empresa Privada del Sector Turismo, habiéndose obtenido logros concretos a través de la captación de nuevos grupos de turistas, orientados en su mayoría a destinos turísticos de la Costa Norte, Islas de la Bahía y Zona Occidental mediante circuitos combinados con las Ruinas de Copán. El esfuerzo anterior se vio parcialmente reflejado con un incremento de aproximadamente 20,000 extranjeros visitantes al país durante el presente año.

Se logró concretar la inclusión de Honduras en el Programa Regional Ruya Maya, el cual contempla acciones en los campos de promoción y mercadeo turístico, a través de la comercialización, en Centros Emisores de Turismo en Europa, de circuitos combinados entre dos o tres países del Área Maya Mesoamericana, como son México, Belice, Guatemala, El Salvador y Honduras.

Este proyecto comprende un Programa de Desarrollo Integral, complementado por elementos de protección ambiental, educación e investigación científica, contándose para su ejecución con el decidido apoyo de la Comunidad Económica Europea.

En el ramo de artesanía, se dio continuidad a las acciones de apoyo, para la celebración de expo venta y concursos a nivel nacional, beneficiando a un número aproximado de 267 artesanos productores, obteniéndose la inclusión de apoyo para el sector de artesanía, dentro del Convenio de Asistencia Técnica, Cultural y Científica, celebrado con el Gobierno de Francia.

Y en e área de servicios turísticos se brindó continuidad a los servicios de asistencia al visitante, destacándose esa labor con el ingreso de grupos organizados de brigadas profesionales y delegados a seminarios y congresos, con un número aproximado de 4,000 personas, para este fin se abrió una oficina regional en la ciudad de La Ceiba; y con el apoyo financiero de ADECAFEH, fueron remodeladas las instalaciones del servicio público en el Aeropuerto de Toncontín.

Se dictaminaron solicitudes de arrendamientos en zonas de turismo, habiéndose concedido el arrendamiento de 7,046 hectáreas. Y se firmó el contrato con la compañía Salvador y Asociados para la construcción del Centro Turístico de La Ceiba, ubicado en Playa Perú, por un valor de Lps. 380,000.00.

La Dirección General de Cultura centralizó sus actividades en la continuación del Programa de Casas de la Cultura, elaborando el Plan Operativo Anual que fue enviado a la Organización de Estados Americanos, a fin de obtener el financiamiento para la ejecución de estos proyectos.

Se llevaron a cabo varios cursos-taller, sobre la planificación cultural, dirigida a promotores e investigadores, líderes comunales y administradores de proyectos.

Por medio del departamento de Artes Plásticas, se organizaron exposiciones dentro de las diferentes disciplinas del arte, como pintura, dibujo infantil, fotografía, etcétera. Se llevó a cabo el Certamen Nacional de Pintura Álvaro Canales 1988, enmarcado en los actos inaugurales del Museo Nacional de Arte Pablo Zelaya Sierra, localizado en el Antiguo Paraninfo de la Universidad, haciendo entrega de un primer premio, dos menciones de honor y pergaminos de reconocimiento a los artistas participantes en ese evento.

El Departamento de Música llevó a cabo la primera graduación de Bachilleres en Música de la Escuela de Artes Musicales Francisco R. Díaz Zelaya, en las especialidades de Flauta, Clarinete, Corno Francés, Trompeta y Saxofón. Se efectuó una gira de conciertos con la Orquesta Sinfónica Juvenil por las ciudades de Siguatepeque, Comayagua, San Pedro Sula, Santa Rosa de Copán y Tegucigalpa.

La Biblioteca y Archivo Nacional, atendió 116,000 usuarios de los servicios que los mismos prestan al público, como son préstamos de libros, revistas, periódicos y folletos. Se recibieron donaciones de diferentes organismos nacionales e internacionales de libros, revistas, folletos y otros por un total de 4,881 ejemplares.

El Centro Indigenista de Capacitación Artesanal Intibucano (CICAL), con sede en Intibucá, ha dado adiestramiento a 57 alumnos en las áreas correspondientes a los Talleres de Pieles, Talabartería, Corte y Confección, Carpintería, Metales, Electricidad y Radio, e Hilados y Tejidos, gozando de becas pagadas por este Ministerio.

El Instituto Hondureño de Antropología e Historia, encargado de la protección de nuestro patrimonio artístico, histórico, arqueológico, antropológico y cultural de la nación, contando con la colaboración de algunas universidades de Estados Unidos y voluntarios proporcionados por el Gobierno del Japón, ha desarrollado diversos proyectos de investigación arqueológica, histórica y etnológica y proporcionando asistencia técnica en la restauración de varios monumentos y edificios coloniales.

En el aspecto etnológico, se ha colaborado en la edición de la revista Yaxkin y Estudios Antropológicos e Históricos.

En relación con la arqueología, se están ejecutando los diferentes proyectos: salvamento arqueológico del Cajón y del Valle de Sula. Se han llevado las restauraciones de la Iglesia de San Marcos de Colón, Catedral de Choluteca, Iglesia de Yojoa, Cortés e Iglesia de San Manuel de Colohete, Lempira, Fortaleza de San Fernando de Omoa, Castillo de San Cristóbal en Gracias, Lempira, Museo Regional de Comayagua. Se dio asistencia técnica en la restauración del Correo Nacional y de algunos parques e iglesias en ciudades importantes del país.

Se concluye la restauración del viejo edificio del Paraninfo Universitario, a fin de convertir este histórico lugar en un centro cultural de usos múltiples.

SECTUR restauró el Castillo de Gracias, departamento de Lempira.

A inmediaciones de la fortaleza de Omoa, SECTUR construyó La Casa del Turista, con el propósito de facilitar la estadía de los visitantes a ese histórico "Monumento Nacional".

BANCO CENTRAL DE HONDURAS

LA POLÍTICA MONETARIA, CREDITICIA Y CAMBIARIA EN 1988

El Gobierno de la República continuó durante 1988 su proyecto de estabilizar e impulsar la economía.

Las medidas adoptadas por las autoridades económicas al principio del año se orientaron al crecimiento económico, mediante el fomento de las ventas al exterior, la inversión y complementariamente, a la simplificación de trámites administrativos de estas actividades.

En términos de los resultados, de acuerdo a los indicadores reales, monetarios y financieros que registra el Banco Central de Honduras, se puede afirmar que las medidas de política dictadas en el año de 1988 han logrado un impacto bastante aceptable.

Según los cálculos preliminares, la tasa de crecimiento del Producto Interno Bruto para 1988 es de alrededor de 4% en términos reales.

Los indicios de mejoría se denotan en varias actividades económicas, como son la producción industrial, industria de la construcción, minería, el consumo de combustible, el nivel de actividad comercial y las recaudaciones fiscales.

En lo que respecta al comportamiento de los precios internos, la inflación registra un nivel aproximado de 5%, aún así, el nivel de la inflación se considera tolerable.

Asimismo, se ha logrado mejorar la imagen crediticia internacional al haberse firmado un convenio de ajuste estructural con el Banco Mundial, que vendrá a fortalecer el sector externo de la economía y a aliviar la presión sobre la balanza de pagos. Ligado a lo anterior, se espera recibir fondos de ayuda económica de parte de otros organismos internacionales y de gobiernos amigos, esta creencia se basa en el apoyo que se ofreciera al país durante las reuniones del "Grupo Consultivo para Honduras", celebrado a instancias del Banco Mundial a principios del mes de octubre recién pasado. El Gobierno de los Estados Unidos, a través de la Agencia para el Desarrollo Internacional, continuó durante 1988 brindando apoyo a nuestra economía, el que ha sido destinado en una alta proporción, a beneficiar a los diferentes sectores productivos.

El desenvolvimiento del comercio exterior, unido a los esfuerzos del Gobierno para equilibrar la afluencia de recursos externos de mediano y largo plazo y de apoyo recibido para balanza de pagos, han permitido cumplir con la mayoría de las obligaciones del servicio de la deuda, y mantener relativamente estable el nivel de reservas monetarias internacionales.

En lo que respecta a la evolución de la situación monetaria y crediticia cabe señalar que la misma ha estado enmarcada dentro de los objetivos de estabilización y ajuste trazados. El crédito al sector privado ha logrado un incremento de 6.4% con respecto al año anterior, el crédito al sector público refleja un aumento de 17%, y la captación de recursos del sistema bancario ha crecido aproximadamente en un 12%. Lo anterior es resultado de las medidas tomadas, como ser el aumento gradual del encaje en 3 puntos porcentuales y el congelamiento del redescuento, que ha logrado reducir el exceso de liquidez de la economía a niveles manejables.

Merece la pena recordar que el Banco Central ha ido en el tiempo ampliando sus funciones, a fin de cubrir actividades de promoción en el desarrollo económico. Así y en línea con los objetivos del Programa Monetario de 1988, el nivel de redescuento del Banco Central al Sistema Bancario, tanto con fondos propios como con recursos de los proyectos y líneas de crédito que administra, se ha logrado mantener dentro del límite fijado y se observa que, hacia mediados de diciembre, este mantiene un nivel de L. 920 millones, habiéndose destinado dichos recursos a atender a los principales sectores productivos.

De esta manera, el Banco Central contribuyó a impulsar la economía, destinando recursos frescos a las actividades agrícolas, agropecuarias, industrial y de vivienda, así como también al financiamiento de exportaciones.

Es así que el Fondo Nacional de Desarrollo Industrial (FONDEI) aprobó durante 1988 préstamos por la suma de L. 33.6 millones, monto que fue superior en L. 20 millones a las metas programadas para el año, destinándose un 94% de esos recursos al sector industrial y el 6% restante al turismo. En la actividad industrial, el sector más beneficiado fue el de la mediana industria, habiéndose financiado 42 proyectos por un valor de L. 26.7 millones. En la micro y pequeña industria se financiaron 46 proyectos con un valor de L. 4.8 millones. En el campo de la actividad turística, recibieron apoyo crediticio seis nuevos proyectos por un valor que asciende a L. 2.1 millones.

En lo que respecta al Proyecto de Crédito Agropecuario, durante 1988 se concedieron más de 720 subpréstamos por un monto superior a los L. 33 millones, habiéndose favorecido la ganadería, en especial la actividad bovina, con un 55% del total, seguido de la agricultura con un 30%, compra de maquinaria agrícola con un 11% y el fomento de la industria rural con el 4% restante.

En el campo cambiario, al Banco Central de Honduras le ha correspondido la tarea de buscar la estabilidad del tipo de cambio del Lempira. Se ha ejecutado esta política con prudencia, buscando mecanismos que permitan efectuar algunos ajustes en la economía, sin perjudicar drásticamente el ingreso real de la mayoría de la población.

Dado que tanto el impulso de la economía como el aumento del ingreso de divisas solo puede resolverse mediante el incremento de las exportaciones, el Banco Central desde comienzos del año puso en funcionamiento el mecanismo de los Certificados Transferibles de Opción a Divisas por Exportación (CETRA), cuyo objetivo primordial es incentivar las exportaciones.

Por último, las autoridades monetarias mantienen negociaciones con el Fondo Monetario Internacional, el Banco Mundial y otros organismos, a fin de continuar avanzando en el objetivo de un crecimiento económico mayor que el aumento de la población. Esta meta de crecimiento se encuentra acompañada de una política de consolidación de la estabilidad y una liberalización de la economía en forma gradual, en donde las exportaciones y las decisiones del sector privado serán las variables claves para el desarrollo económico.

HONDURAS: PRINCIPALES INDICADORES ECONÓMICOS
(Millones de lempiras)

	1986	1987	1988	Incremento Relativo 1987	Incremento Relativo 1988
PIB REAL	4,437	4,629	4,814	4.2	4
INFLACIÓN					
A diciembre	193	197.8	207.7	2.5	5
EXPORTACIONES FOB					
A diciembre	1,708.5	1,616.1	1,846.5	-5.4	14.3
IMPORTACIONES GIF					
A diciembre	1,750.1	1,793.3	1,865.8	2.7	3.8
DÉFICIT DEL GOB. CENTRAL					
A diciembre	593.1	591	622	-0.4	5.2
INGRESOS CORRIENTES					
A diciembre	1,180.3	1,321	1,410	11.9	6.7
GASTOS CORRIENTES					
A diciembre	1,356.2	1,517	1,614	11.9	6.4
CAPTACIÓN DE RECURSOS					
A noviembre	2,362.3	2,814.5	3,159.8	19.1	12.3
CRÉDITO AL SECTOR PÚBLICO					
A noviembre	941.1	1,045.1	1,221	11.1	16.8
CRÉDITO AL SECTOR PRIVADO					
A noviembre	2,577.2	2,963.5	3,153.2	15	6.4

INSTITUTO NACIONAL AGRARIO

El Instituto Nacional Agrario, durante 1988 decidió conceder, en el orden de política institucional, prioridad a las siguientes áreas:

a) Dotación de tierras

b) Desarrollo campesino

1. DOTACIÓN DE TIERRAS

Por mandato de la ley, el Gobierno está obligado a dotar de tierra al campesino para asegurar su participación, en condiciones de igualdad, con los demás sectores de la población en el desarrollo económico, social y político del Estado.

Por consiguiente, la función de conocer y resolver lo relacionado con la tenencia, explotación, expropiación, recuperación y distribución de la tierra destinada a la reforma agraria, es desarrollada por el Instituto a través de este programa, que por sus repercusiones en la lucha de los campesinos por acceder a la tierra, tiene carácter prioritario y urgente.

En este contexto, y en cumplimiento de lo dispuesto en el Artículo 3 literal a) en relación con el 88,97 y 135 literal b) de la Ley de Reforma Agraria, durante el año 1988 se afectaron un total de 33,880.10 has. (TREINTA Y TRES MIL OCHOCIENTOS OCHENTA PUNTO DIEZ HECTÁREAS), equivalentes a 48,592.77 mzs. (CUARENTA Y OCHO MIL, QUINIENTAS NOVENTA Y DOS PUNTO SETENTA Y SIETE MANZANAS), con las cuales se benefició a 3,450 familias campesinas integradas en 138 grupos, que representan aproximadamente 17,250 personas.

Asimismo, en forma individual por medio del Proyecto de Tierras, se adjudicaron 4,079 unidades agrícolas familiares a otras tantas familias campesinas, con un total de 48,723 has. (CUARENTA Y OCHO MIL SETECIENTAS VEINTITRÉS PUNTO CINCUENTA Y NUEVE HECTÁREAS), equivalentes a 69,882.15 mzs. (SESENTA Y NUEVE MIL, OCHOCIENTOS OCHENTA Y DOS PUNTO QUINCE MANZANAS), favoreciendo a unas 20,395 personas.

Las cifras anteriores se descomponen de conformidad al cuadro siguiente:

AFECTACIÓN Y ADJUDICACIÓN DE TIERRAS 1988 (FORMA COLECTIVA)					
POR:	HAS.	MZS.	GRUPOS CAMPES	FAMILIAS CAMPES	BENEFICIARIOS INDIRECTOS
Expropiación	5,693.61	8,166.10			
Recuperación	11,635.39	16,688.14			
Garantías de posesión	16,551.10	23,738.54			
SUBTOTAL	33,880.10	48,592.77	138	3,450	17,250
AFECTACIÓN EN UNIDADES AGRÍCOLAS FAMILIARES 1988 (FORMA INDIVIDUAL)					

Proyecto Titulación de Tierras			Unidades Agrícolas	Familias	
SUBTOTAL	48,723.59	69,882.15	4,079	4,079	20,395
TOTALES	82,603.69	118,474.92		7,529	37,645

Lo anterior significa que durante el presente año el Instituto Nacional Agrario ha expropiado, recuperado, garantizado y adjudicado en forma colectiva e individual 82,603.69 has. (OCHENTA Y DOS MIL SEISCIENTAS TRES PUNTO SESENTA Y NUEVE HECTÁREAS), equivalentes a 118,474.92 mzs. (CIENTO DIECIOCHO MIL, CUATROCIENTAS SETENTA Y CUATRO PUNTO NOVENTA Y DOS MANZANAS) beneficiando con ellas a 7,529 (SIETE MIL QUINIENTAS VEINTINUEVE) familias campesinas, que representan unas 37,645 (TREINTA Y SIETE MIL SEISCIENTAS CUARENTA Y CINCO) personas.

En la ejecución del Programa de Afectación y Adjudicación de Tierras, por parte del INA, es de resaltar su proyección hacia zonas antes marginadas del Proceso de Reforma Agraria, es el caso de los Deptos. De Lempira e Intibucá, que en el año 1988 fueron beneficiados con la entrega de 3,174 mzs. De tierras a 650 jefes de familia.

2. DESARROLLO CAMPESINO

Asistencia técnica y capacitación

La actividad de asistencia técnica y capacitación durante el presente año se orientó hacia tres acciones básicas:

a) Procurar mejorar la producción

b) Lograr la incorporación integrada de la familia rural, y

c) La consolidación de las empresas campesinas mediante el proceso de asistencia con un enfoque de producción, complementado con acciones de capacitación administrativa y organizativa.

En este enfoque, las principales actividades en materia de capacitación y asistencia se resumen así:

ÁREA	No.	PARTICIPANTES
Técnico Productivo	714	7,901
Técnico Administrativo	2,008	8,750
Técnico Organizativa	446	5,209
Técnico Audiovisual	222	4,444
Técnico Social	107	2,173
TOTAL	3,497	28,477

Además de la capacitación como acción puntual, también se brindó la asistencia técnica regular a través de visitas a nivel de finca, demostraciones, etc., logrando asistir la explotación de 13,496 hectáreas, granos básicos, hortalizas, algodón, piña, caña, sandía y melón.

Proyectos especiales:

En el marco de asistencia técnica de nuclearización de empresas, se atendió, en los aspectos crediticios y asistencia agrícola, la Empresa Cooperativa Agroindustrial de Reforma Agraria de Caficultores (ECARAC), con un total de 18 cooperativas y 381 familias, quienes explotan 2,035 mzs. de caña de azúcar, concediendo un financiamiento de L. 688,185.51. Bajo un esquema continuo de control y seguimiento se ha logrado mejorar los niveles de producción, esperando obtener 97,580 toneladas, con un ingreso bruto de 3 millones de lempiras. También se retomó el proyecto cañero de Monjarás en Choluteca, atendiendo 8 cooperativas que explotan 605 mzs., con una producción esperada de 23,853 toneladas, un ingreso bruto de L. 740,000 y un financiamiento de L. 164,718.

Otro proyecto específico lo constituye el cultivo de la papa en La Esperanza, en el cual participan 38 cooperativas y grupos afiliados a la AHPROPAPA, en donde la institución continuó brindando la asistencia técnica integral con fines de producción y a futuro, el proyecto de procesamiento agroindustrial de derivados de la papa. Con este tipo de asistencia se ha logrado mejorar la producción y productividad de 432 has., habiendo canalizado L. 1,197,972 en crédito, para una producción de 97,496 qq.

El cultivo del algodón se logró incrementar en el presente año, incorporando a 51 grupos con un área cultivada de 2,106 mzs., distribuidas en los Deptos. De Choluteca, Valle, Olancho y Francisco Morazán, esperando una producción de 65,286 quintales de algodón en rama; habiendo generado ocupación para 893 familias campesinas.

En el proyecto de rehabilitación de críticos en el Valle del Aguán, se logró el área prevista de 424.5 has., exportando 86,437 cajas, con una generación de $ 518.622 en divisas, niveles de producción nunca antes alcanzados, aún manejando un área mayor, a consecuencia que el énfasis ha sido elevar la producción y productividad, a través del manejo integrado de plagas y tratamiento agroquímico de plantaciones y normas de calidad de la fruta.

En el marco de servicios técnicos del Proyecto Aguán, se construyeron 9,160 m.l. de caminos interparcelarios y se proporcionó mantenimiento a 96,020 m.l. a este tipo de vías. Entre obras hidráulicas, drenajes, bordas y alcantarillados se construyeron 14,322 m.l.

Importante resulta la habilitación de tierras realizada por la Sección de Mecanización Agrícola, como la labor de investigación efectuada en la zona del Aguán y Masica produciendo material genético de cacao, cítricos, piña yuca y peces, algunos rubros de estos resultan excepcionales en materia investigativa.

Crédito agrario

El Programa de Proyectos Participativos otorgó 789 créditos a 390 grupos campesinos, por un monto de Lps. 4,503,306, destinados prioritariamente al cultivo de granos básicos y otros como yuca, sorgo, papa, plátano, sandía, algodón y hortalizas.

También fueron tramitados, aprobados y controlados los préstamos avalados por el INA ante instituciones financieras privadas y del Gobierno Central, específicamente BANADESA.

Hasta finales del año fueron avaladas aproximadamente 138 cooperativas de primero y segundo grado, que solicitaron una cantidad que asciende a un total de Lps. 115 millones, para realizar labores en los rubros de maíz, frijol, algodón, arroz, melón, caña, piña, palma africana, plátano, yuca, chile tabasco y ganadería.

Es de hacer notar que el INA ha reactivado proyectos en situación de mora que han podido cancelar el crédito del presente año y comenzar a honrar deudas anteriores. Es el caso de ECARAC, que de cuentas morosas amortizó Lps. 667,631 y AHPROPAPA Lps. 190,644, sumándose la subrogación de deudas en favor de los citricultores del Aguán por L. 4,150,000, para hacer una recuperación total de Lps. 5,008,275 que antes el Estado consideraba incobrable.

Mujer y Joven Rural

El Programa de la Mujer y Joven Rural contó con un fuerte apoyo institucional a fin de lograr la incorporación de la familia rural en forma integral y gradual al proceso de desarrollo, para lo anterior se ejecutaron dos actividades básicas

— Capacitación de paratécnicos y técnicos institucionales (promotores campesinos, productoras, enlace, alfabetizadoras), con un total de 988 y 169 respectivamente.

— Se formularon y ejecutaron 40 proyectos socio productivos con un monto de 393,224.96 para cultivos, especies menores, molinos de maíz y tiendas de consumo.

Proyectos sociales complementarios

El proceso de Reforma Agraria plantea la necesidad de ejecutar proyectos sociales complementarios y durante el presente año se prosiguió con la acción de migraciones inducidas y el programa alimentario.

El Programa de Migraciones Inducidas, en coordinación con las organizaciones campesinas, efectuó el traslado de 177 familias, con un total de 1,081 personas de la zona sur al Bajo Aguán.

A través del Programa Alimentario (P.M.A.) se atendieron en todo el país 324 grupos, con un total de 7,222 familias y se distribuyeron 33,308 quintales de alimentos.

En la zona sur, INA/COHAAT ha entregado 422,015 raciones alimentarias para apoyar la producción agropecuaria, obras de infraestructura y programas de reforestación en el marco del sector reformado, el cual tuvo una asignación de 39,043 raciones alimenticias para este año, el resto son raciones alimenticias entregadas en forma coordinada por Recursos Naturales, SECOPT, ACPH, establecidas en programas regulares y de emergencia.

Por último, en materia alimentaria, en los municipios del norte de Francisco Morazán, se atendieron 28 grupos, beneficiando a 486 familias con 4,746 quintales.

Proyecto de Desarrollo Rural Integrado

El INA en la región sur apoyada por la Comunidad Económica Europea y el Gobierno de Bélgica ejecuta el proyecto de "Consolidación de la Reforma Agraria en la zona sur", con un monto de L. 19 millones de fondos externos y L. 1 millón de fondos nacionales.

A pesar de que, recién en el año 1988 se inicia propiamente su ejecución, existen actividades que merecen resaltarse, tal es el caso de la entrega masiva que se ha hecho de semilla mejorada, insecticidas sin cargo de intereses a los beneficiarios (4,000 familias), el crédito otorgado por L. 570,000 para cultivos de melón, sorgo, maíz, maicillo y sandía, con estos servicios se atienden 25% de los grupos existentes en la zona sur que, en un total de 70 se incorporan a la producción de un área de 1,718 manzanas.

En el PLANDERO, en carácter de unidad coejecutora, se ha continuado ejecutando las acciones normales de promoción y capacitación campesina, además de haber contribuido técnicamente a la evaluación y formulación en su segunda etapa. En esa misma zona se ha participado activamente en la elaboración del Plan Tres Fronteras "TRIFINIO".

En el Proyecto de Desarrollo Rural Concentrado de Santa Bárbara PRODESBA, el INA continúa aportando la infraestructura física y de recursos humanos, en la perspectiva de consolidar empresarialmente a un significativo número de grupos. Se ha integrado a tiempo completo a técnicos para la evaluación de término medio de ese proyecto.

En el marco del Proyecto de La Paz-Intibucá, una vez finalizada su elaboración y aprobado su financiamiento, se ha procedido a su reprogramación y contratación de los técnicos que, como contrapartida, corresponden y que ejecutarán el componente de Reforma Agraria en esa zona.

De igual forma, esta institución ha participado en carácter de coejecutor con COHDEFOR en el Proyecto de Bosques Latifoliados en la zona atlántica, en el Comité de Manejo del "Parque Nacional Carías", en el área de Francisco Morazán y Comayagua.

Atendiendo invitación del director ejecutivo del INA, el presidente de la República José Azcona, se reunió en octubre con los productores de papa en el departamento de Intibucá, habiéndoles otorgado el INA durante el año, créditos por más de un millón de lempiras para una producción de 97,000 quintales.

Ejecutivos del INA y representantes de las organizaciones campesinas acuerdan un plan de acción inmediata del Proceso de Reforma Agraria.

El INA, a través de Desarrollo Campesino, interesados en la integración de la familia rural y la consolidación de las empresas campesinas, impartió 3,497 cursos, donde participaron más de 28,000 hombres del campo.

El Instituto Nacional Agrario, INA inauguró en el mes de diciembre de 1988 el más moderno sistema de computación de gráficas interactivas de Centroamérica.

EMPRESA NACIONAL DE ENERGÍA ELÉCTRICA

GENERACIÓN DE ENERGÍA

La producción de energía eléctrica en 1988 alcanzó la cifra de 1,908 millones de kW; la producción de energía hidroeléctrica se elevó a 1,872.9 millones de kW, representando un 98.2% de la generación total, generándose apenas una cantidad de 35.1 millones de kW de fuentes térmicas, que representa únicamente un 1.8% del total producido.

Si se analiza la producción de energía en el Sistema Central Interconectado y Sistemas Aislados, el primero produjo un 97.9 y el segundo 2.1%.

La producción en el año de 1988 creció con respecto a 1987 en 128.9 millones de kW, que representa un 7.2 de crecimiento porcentual.

VENTA DE ENERGÍA

En el periodo 1987-1988 las ventas de energía pasaron de 1,466.7 millones de kW en 1987 a 1,557.3 millones de kW en 1988, con un crecimiento porcentual de 6.2%.

El sector de consumo que más dinamismo mostró fue el industrial que nuevamente recuperó su tendencia al crecer de 409.4 millones de kW a 465.4 millones de kW, con un crecimiento porcentual de 13.7%, debido primordialmente a los esfuerzos del Gobierno Central en reactivar la explotación minera, dinamizar las plantas cementeras e incrementar los niveles de exportación de productos tradicionales como el banano, café y madera.

El sector residencial ha seguido manteniendo las expectativas de crecimiento, creciendo a una tasa de 9.1% con un consumo en 1988 de 405.3 millones de kW, principalmente por los planes agresivos de incorporación de población marginal en los sectores urbanos y por los programas de desarrollo rural en toda la república.

Las ventas internacionales han tenido un decrecimiento en términos absolutos, debido a los excelentes regímenes lluviosos en el área centroamericana, pasando de 322 millones de kW vendidos en 1987 a 297.6 millones de kW; el país que más uso hizo de nuestra energía exportable fue Costa Rica con 156 millones de kW, siguiendo Nicaragua con 76 millones y Panamá con 65.6 millones.

INGRESOS POR VENTAS DE ENERGÍA

Los recursos financieros de 1988 se han robustecido por los ingresos provocados por las ventas de energía eléctrica, en 1988 los ingresos por este concepto se elevaron a 240.2 millones de lempiras que, comparados con 222.9 millones en 1987, encontramos un incremento absoluto de 17.3 millones y de 7.8% en términos relativos.

En forma particular, el sector residencial pasó de L. 75.2 millones a L. 82.2 con un 9.3% de crecimiento relativo. Los ingresos del sector industrial alanzaron los L. 65.5 millones en 1988, incrementándose en L. 4.5 en comparación con 1987.

Merece especial mención los ingresos que produjeron las vetas a países vecinos, ya que, aunque la cantidad de energía vendida fue menor al año 1988 con respecto a 1987, los ingresos crecieron en el mismo periodo en L. 1.6 millones y porcentualmente en 8.8%; esto se debe a que las tarifas que rigen las ventas internacionales están basadas en los costos internacionales del combustible, los que han tenido una tendencia alcista en el año de 1988.

ABONADOS

El número de abonados promedio en el periodo 1987-88 se elevó de 244,633 a 263,754 a una tasa anual de crecimiento de 7.8%, nuevamente fue el sector residencial el que muestra la tendencia más alta con 8.1%, siguiéndole en orden descendente el sector alumbrado público con 5.5% indicación de la incorporación al Sistema Central Interconectado de nueve (9) comunidades rurales como consecuencia del programa de electrificación; el sector comercial también ha mostrado tendencias de crecimiento bien marcadas, incrementándose en 1,002 nuevos abonados con un porcentaje de crecimiento de 5.4%. Los demás sectores han mostrado incrementos a menor escala, promediando un 4% en el año.

El mayor crecimiento porcentual se produjo en la ciudad de Choluteca con 13.4%, siguiéndole en su orden Tegucigalpa con 7.3% y El Progreso con 6.6%.

INVERSIONES

Con financiamiento concedido a través de instituciones internacionales de crédito, Gobiernos amigos y fuentes internas, la ENEE ha continuado con el esfuerzo de proporcionar la energía eléctrica a mayor población, especialmente en el área rural. En el año de 1988 el monto total de inversión ascendió a L. 61,638 miles, dedicadas a los sectores siguientes:

Construcción y Mejora de Sistemas de Generación	9,729.2
Construcción y Mejora de los Sistemas de Transmisión	21,465.6
Construcción y Mejora de los Sistemas de Distribución	18,859.5
Estudios para Inversión	4,.94.5
Adquisición de Equipos, Construcción y Mejoras Planta	7,189.2

Pueden destacarse como principales obras construidas y construyéndose las siguientes:

Generación

Inyecciones para el
reforzamiento de la Cortina de
Arco del Proyecto El Cajón.   L. 9,664.3 miles.

Transmisión

Instalación Centro de Despacho.   L. 144.2

Construcción Subestación de
Circunvalación en San Pedro
Sula que refuerza el complejo
de Subestaciones de la ciudad.   L. 391.1

Líneas de Transmisión de
Tegucigalpa-Danlí y proyecto
El Níspero-Sta. Rosa de Copán,
financiados en su mayor parte
por el Gobierno Alemán a
través de Kreditanstalt Fur
Wiederaubau (K.F.W.), las
cuales serán finalizadas en el
año de 1989.   L. 6,370.4 miles

Incorporación de poblaciones rurales al Sistema Central Interconectado.

Líneas Subtransmisión en el
Valle del Aguán que brinda-
rán energía a nuevas
comunidades en el área.   L. 279.4

Línea Subtransmisión Jesús
de Otoro-Masaguara.   L. 290.4

Subestación en Siguatepeque.   L. 369.5

Línea de Transmisión en 69
kV. entre Tegucigalpa-Juticalpa,
en construcción, la cual eliminará
la generación térmica de Juticalpa y
Catacamas.   L. 5,489.6 miles.
Línea de Subtransmisión en
35 kV que brindará servicio a
Guaimaca, Campamento, Orica

y San Ignacio y sus correspondientes
sistemas de distribución.   L. 1,723.7 miles

Subestaciones en Guaimaca,
Juticalpa y modificaciones a la
de Santa Fe en Tegucigalpa, que
permitirán la distribución de la
energía en la línea Tegucigalpa-Juticalpa.   L. 432.2

Línea de Transmisión en 138
kV que unirá la subestación
Circunvalación en San pedro Sula
con la de Bermejo.   L. 1,891.5 miles

Línea de Subtransmisión y Sistemas
de Distribución en el Departamento de
Santa Bárbara, que ha permitido servir
a las comunidades de Macuelizo, La Flecha,
Azacualpa, Sula, Casa Quemada,
El Virrey, El Ciruelo, Santa Rita,
San Marcos en Santa Bárbara y
Dulce Nombre, Dolores y
Concepción en Copán.   L. 965.1

Línea de Transmisión en 69 kV
entre El Progreso y Yoro y que
interconectará a Yoro al Sistema
Central Interconectado, y sirviendo
adicionalmente a las comunidades
El Negrito y Morazán.   L. 1,075.1 miles

Distribución

Expansión y mejoras en
Tegucigalpa. Primordialmente a zonas
que han carecido de este servicio.   L. 6,096.1 miles

Expansión y mejoras en San
Pedro Sula.   L. 5,028 miles

Expansión y mejoras en
El Progreso.   L. 1,436 miles

Estudios

Inventario Hidroeléctrico.

Lo cual permitirá tomar decisiones
en base a un número grande de
opciones de inversión.   L. 1,005.6 miles

Operación Red Hidrometeorológica.
Se encarga como una obligación
rutinaria de mantener los datos
estadísticos de todas las estaciones de la red.   L. 1,678.3 miles

Desarrollo de Recursos Geotérmicos.
En la búsqueda de opciones más económicas
se analizan en la actualidad los
recursos de la tierra, concentrándose
los esfuerzos en el Proyecto Platanares
en el Departamento de Copán.   L. 760.3 miles

Factibilidad Naranjito, Sico II
y Remolino.   L. 716.0 miles

Protección Cuenca El Níspero   L. 234.4 miles

Equipo

Obtención del equipo necesario
para el desempeño adecuado de
las funciones encomendadas a
la empresa.   L. 7,189.2 miles

CONVENIOS Y CONTRATOS IMPORTANTES

La ENEE en un afán de lograr una mayor eficiencia, firmó un Convenio con la Empresa Nacional de Electricidad (ENDESA) de España, mediante el cual se le dará asistencia técnica a la ENEE a fin de lograr una mayor capacitación de su personal.

Mediante el contrato también se ha logrado elaborar el estudio denominado: "Sistema Interconexión Países América Central (SIPAC)", en donde se determina la conveniencia de reforzar la red troncal de interconexión centroamericana.
Asimismo, se firmó con la Comisión Federal de Electricidad (CFE) de México un convenio, mediante el cual aquella institución presta sus facilidades de computación a fin de lograr un entrenamiento especializado en seguridad operativa de los sistemas eléctricos, en donde el Banco Interamericano de Desarrollo (BID) financiará el costo de los participantes hondureños en el mencionado programa.

En el área de interconexión eléctrica, se firmó el contrato con la Comisión Ejecutiva Hidroeléctrica del Río Lempa (CEL) de El Salvador, el que permitirá la construcción de la Línea de Interconexión entre los

Sistemas Eléctricos de Honduras y El Salvador, con el cual quedarán integrados eléctricamente los países desde Guatemala hasta Panamá.

El presidente de la República, ingeniero José Simón Azcona Hoyo, en la inauguración del Centro de Despacho. En esta obra se invirtieron L. 10,011,092.

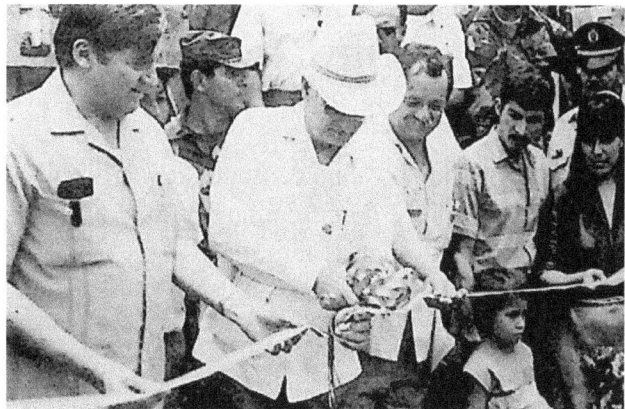

El presidente de la República declara inaugurados los sistemas eléctricos de las aldeas La Sarroza, Guacamaya, Urraco, El Bálsamo, La Mina y Arena Blanca, en el municipio de El Progreso, Departamento de Yoro.

EMPRESA HONDUREÑA DE TELECOMUNICACIONES

Durante 1988 HONDUTEL concluyó uno de sus más importantes proyectos de expansión, habiendo así triplicado su capacidad instalada e iniciado el Proceso de Digitalización de su red.

Con un activo de aproximadamente 297 millones de lempiras y un patrimonio que supera el centenar de millones, la empresa mantiene hoy en día más de cuatro mil puestos de trabajo, lo que significa sustento para un número similar de familia.

SERVICIOS

Servicio telefónico

El servicio telefónico continúa siendo el servicio básico que ofrece la empresa, y actualmente a pesar de contar con la red más pequeña de Centroamérica, consideramos que prestamos uno de los mejores grados de servicio en la región.

En relación con el año de 1987 se ha mejorado la relación empleados/1,000 líneas en servicio, en un 10%, de 28 a 25. En términos de líneas instaladas en central se mantiene el número de 13 empleados por cada 1,000 líneas.

El cuadro siguiente presenta las principales cifras asociadas con el servicio para los últimos tres (3) años:

	1986	1987	1988
POBLACIÓN	4,300,00	4,500,000	4,600,00
Teléfonos en servicio	50,000	54,000	64,000
Capacidad instalada	67,000	116,000	120,000
DENSIDAD			
(Teléfonos en servicio/100 hab.)	1.16%	1.2%	1.4%
(Teléfonos instalados/100 hab.)	1.16%	2.6%	2.6%
Minutos facturados	567,000,000	615,000,000	740,000,000
No. de Centrales automáticas	24	28	32
Manuales	13	13	13
Reclamos/100 usuarios	-0-	7.3%	3.3%
Renta	116,800,00	130,230,000	143,000,000

Para el servicio internacional se ha experimentado un crecimiento de aproximadamente un 12% anual en el tráfico de salida.

El servicio interurbano se encuentra hoy atendido por dos centros digitales en San Pedro Sula y Tegucigalpa, respectivamente.

A través de líneas largas o teléfonos remotos se ha procurado ir extendiendo la telefonía automática a mayor número de municipios.

Servicio Télex y Telemático

Con 840 usuarios en el servicio Télex este ha experimentado un estancamiento en su crecimiento, provocado por el surgimiento de los servicios de facsímil y datos.

Con un crecimiento del 2% en relación al año de 1987, el servicio cursó 1.2×10^6 minutos de tráfico internacional de salida. El servicio experimentó una disminución en la renta del 7%, debido a la disminución del tráfico total.

En este mismo periodo, los abonados del servicio de transmisión de datos crecieron en un 23.3%, sumando hoy en día 90 en total, los que generaron, durante 1988, 114,182 minutos de tráfico, cifra superior en 43.4% a la del año anterior.

Telegrafía y Facsímil

Las oficinas del servicio telegráfico Morse continúan operando en más de 350 localidades, constituyendo el servicio menos rentable, pero con mayor proyección social. El tráfico de telegramas se incrementó en un 75%, aún así el déficit del servicio es considerable, superando la cifra de los 10 millones de lempiras al año.

El servicio BUROFAX (facsímil) se inició en San Pedro Sula y Tegucigalpa, esperando extenderlo a las principales ciudades del país y puntos fronterizos, a fin de colaborar con las autoridades de hacienda en la satisfacción de su demanda por este tipo de servicio.

Administración de Frecuencia y Comprobación Técnica de Emisiones

Durante el ejercicio se incrementó el uso del espectro radioeléctrico en un 12% autorizando la Dirección de Radiocomunicaciones la operación de 298 nuevas estaciones, de las cuales 8 corresponden a emisoras en A.M., 8 emisoras en F.M., 3 a sistema de televisión por cable, 22 antenas parabólicas, 16 equipos de radioaficionados y 238 estaciones móviles marítimas, habiéndose registrado hasta la fecha un total de 2,804 radioestaciones.

Servicio de Alta Frecuencia

Para poder atender las zonas más apartadas y de muy difícil acceso, la empresa opera aún 20 estaciones de alta frecuencia que enlazan sitios como Brus Laguna, Puerto Lempira, El Mochito y otros.

PROYECTOS EJECUTADOS

En julio del presente año se llevó a cabo el acto de recepción oficial de todas las obras realizadas en el Proyecto "Expansión Telefónica" (PET), el cual fue financiado con fondos propios y externos, estos últimos provenientes de El Japón a través de los Fondos de Cooperación Económica de Ultramar (O.E.C.F.).

El costo del proyecto ascendió a 7 billones de yenes y 18.7 millones de lempiras.

Se construyeron las siguientes obras:

	Fibra Óptica	Centrales Digitales	Ampliación Centrales Existentes	Red Externa (Pares)
Tegucigalpa				
San Pedro Sula	5 (2,800c) ***	1 (16,000t) *		30,200
				16,200
		1 (12,000t/		
La Ceiba		2,448 T **		
Comayagua		1 (1,600u/863T)	1,000	2,400
Choluteca			2,000	1,200
Puerto Cortés			,1600	900
Santa Rosa de Copán			700	1,200
Tela			600	
Siguatepeque			600	
Danlí			600	
La Lima			600	
TOTAL	5 (2,800c)	29,600/3,300t	7,700	52,100

* t = Terminales
** T = Terminales de Tránsito
*** c = Canales

Además del Proyecto PETC se concluyeron las obras de Islas de la Bahía que incluyó la instalación de 4 centrales con una capacidad inicial total de 1,200 líneas, distribuidas en las localidades de: Oak Ridge, Coxen Hole, Utila y Guanaja.

Se instalaron también las redes telefónicas de San Lorenzo, Catacamas y Choloma, con capacidades de 300, 1,000 y 10,000 líneas, respectivamente.

En las ciudades de El Paraíso, Catacamas y La Paz se instalaron los nuevos enlaces de transmisión, habiéndose ampliado al mismo tiempo el enlace Tegucigalpa-Choluteca a 300 canales.

PROYECTOS EN EJECUCIÓN

Central Internacional Digital

El proyecto se ha demorado un año en su ejecución a raíz del atraso en los desembolsos del Banco Centroamericano de Integración Económica, por lo que la empresa tendrá que recurrir a otras administraciones en casos severos de congestión, provocados por la limitación de circuitos de la central actual.

De acuerdo a nuestras últimas gestiones antes del fin de año se normalizará la situación del proyecto, lo que garantizará que para inicios de 1990 se cuente con la nueva central, la que incluirá más de 1,000 circuitos y 30 posiciones de operadora.

Red Telefónica de El Progreso

A solicitud del Gobierno Central y en atención a la demanda reprimida de la ciudad de El Progreso, se dio inicio al Proyecto de Construcción de la nueva red telefónica de aquella localidad.

El proyecto asciende a una suma aproximada de 13 millones de lempiras y deberá concluirse antes que finalice 1989.

Proyecto de Planificación y Control

Junto a los demás proyectos este, a pesar de ser menor en inversión, ha representado para la empresa un gran esfuerzo de fortalecimiento institucional y aún continúa siendo fuente de muy buenos resultados.

Telecomunicaciones Rurales Vía Satélite (REDOMSAT)

A un costo aproximado de 13 millones de dólares, se negocia en la actualidad el contrato para el diseño y suministro de una red rural conmutada vía satélite, que utilizando un transpondedor del sistema INTELSAT, y como centro la Estación Terrena de Amarateca, alimentará inicialmente a más de 70 poblaciones rurales, incluyendo unidades militares. El proyecto se espera esté concluido para fines de 1989.

RECURSOS (En lempiras)		
	ENERO 1988	DICIEMBRE 1988
PERSONAL	4,078	4,185
INVENTARIO	27.5 millones	14.7 millones
PATRIMONIO	100.8 millones	139.3 millones
ACTIVO FIJO	258.9 millones	297.2 millones
CAPACIDAD TELEFÓNICA INSTALADA	117.9 millones	297.2 millones

	1987	1988
DISMINUCION DEL GASTO CORRIENTE	(2.2%)	12.5%
CRECIMIENTO INGRESOS CORRIENTES	9.8%	7.5%
INVERSIONES/INGRESOS	43.8	25.6
INGRESOS/PIB	2.1	2.1
GASTOS/PIB	1.7	1.4
UTILIDAD/VENTAS	16.4	27.6

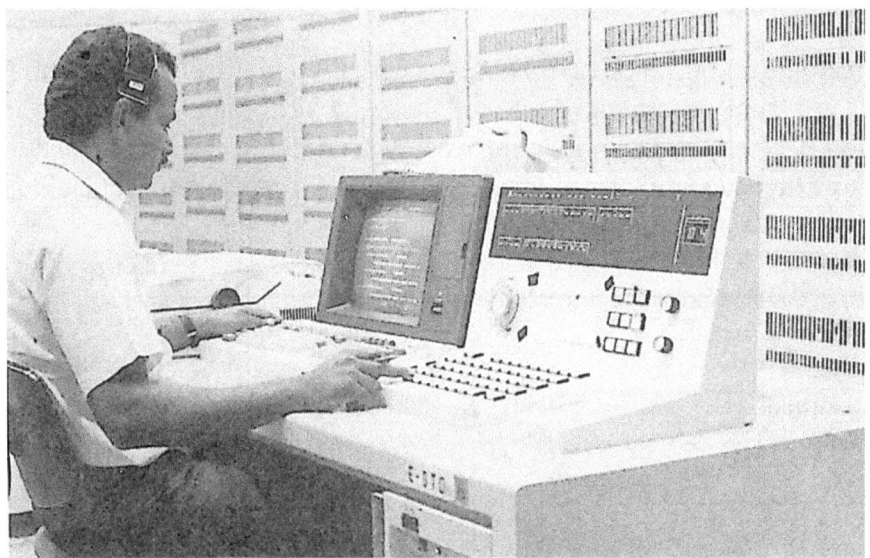

Nueva central digital PRI modelo KBD-70, instalada en Tegucigalpa

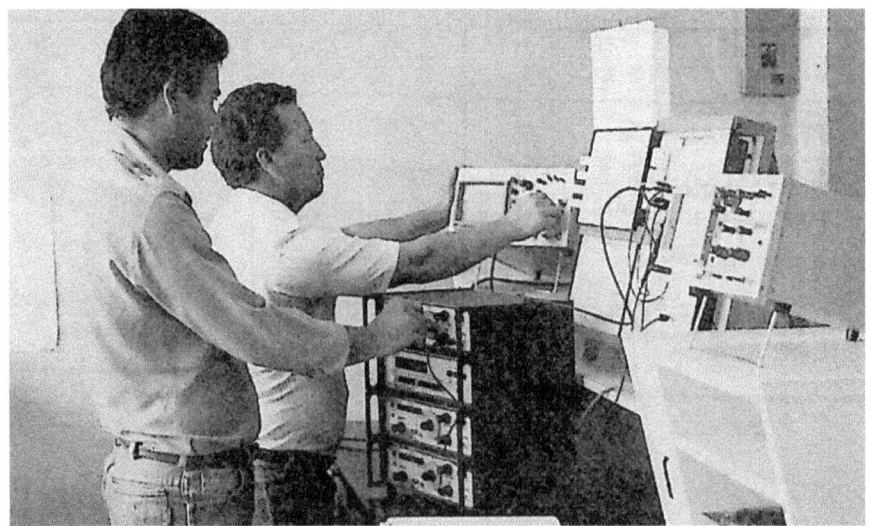

Centro de Capacitación CENCPH, en la ciudad de Tegucigalpa.

CRECIMIENTO

PERSONAL	2.6 %
CAPACIDAD INSTALADA	2.7 %
ACTIVO FIJO	14.7 %
PATRIMONIO	38.1 %
INVERSIONES	(37.3)%
RENTA	7.2 %

PRODUCCION DE LOS SERVICIOS

	TELEFONIA	Lps. 141.7 Millones
	TELEX	Lps. 8.3 Millones
	TELEGRAFIA	Lps. 3.3 Millones
	RADIO Y T.V.	Lps. 1.4 Millones
	OTROS	Lps. 2.2 Millones
	TOTAL	Lps. 156.9 Millones

Nuevas instalaciones en Islas de la Bahía, con sistemas CPR de fabricación brasileña.

107

EMPRESA NACIONAL PORTUARIA

La Gerencia General de la Empresa Nacional Portuaria presenta una síntesis de las actividades más relevantes desarrolladas en 1988.

1. Se concluyeron las obras de protección del terreno de 15 hectáreas, el cual será destinado para la ampliación de la Terminal de Contenedores y otras facilidades portuarias en Puerto Cortés.

    El costo del proyecto ascendió a la cantidad de L. 396,800 y fue terminado y recibido de conformidad.

2. Se instaló el nuevo sistema de defensas en los muelles de Puerto Cortés, con lo cual se espera brindar mayor seguridad a las naves en las maniobras de ataque.

    El avance físico de la instalación es del 100%, teniéndose que el avance económico resultó de un 12.54% más de lo presupuestado, ascendiendo su costo a la cantidad de un millón de lempiras aproximadamente.

3. Se suscribió el contrato de arrendamiento de terreno con Cementos de Honduras, S.A., en el cual esta empresa construyó en Puerto Cortés las facilidades de la Terminal de Graneles para la Exportación de Clinker y Cemento. Por su parte, la E.N.P. planificó las facilidades de ataque para buques que manejarán la carga en dicha terminal.

    En cuanto al avance físico de las facilidades de la terminal bajo la responsabilidad de Cementos de Honduras y supervisadas por la E.N.P. se tiene un avance del 90%, faltando solamente la instalación del último tramo del soporte de las bandas transportadoras. El valor invertido hasta octubre del presente año asciende a la cantidad de dos millones de lempiras aproximadamente. Referente a las facilidades de atraque para los buques que manejarán la carga en dicha terminal, actualmente se están contratando los servicios de consultoría de ingeniería para hacer el estudio del subsuelo donde se cimentará la estructura de atraque a un costo aproximado de Lps. 56,000.

4. Se realizó el estudio para ampliar el canal de acceso a Puerto Cortés, con el fin de proceder a la demolición de los obstáculos coralinos existentes en el mismo y de esta forma mejorar su capacidad y seguridad a naves de mayor calado que ingresan al puerto.

    Desde hace varios meses se viene solicitando la aprobación de las divisas en dólares para la compra de los explosivos de demolición, la cual todavía no ha sido resuelta por el Banco Central de Honduras. Entonces, el avance físico es de 0%. Sin embargo, una vez que se haya superado el problema de la obtención de divisas y que los explosivos estén en el sitio, el proyecto puede ejecutarse en 45 días.

5. Se levantaron los estudios hidrográficos de la zona atlántica del país, comprendidos de la frontera con Guatemala a Punta Izopo (Tela) y de aproximaciones al Puerto de Castilla, lo que permitirá contar con cartas náuticas actualizadas, mejorando las condiciones de navegación en las costas y puertos hondureños.

6. Se continuaron las obras de protección de la costa adyacente al muelle de La Ceiba, con el propósito de desarrollar la factibilidad técnica y financiera para la ejecución del proyecto del muelle de cabotaje en aquella zona.

El avance físico del proyecto ha superado lo planificado (175 m.) tres veces lo previsto (525 m.) ya que se ha protegido una longitud mayor de costa y el costo del proyecto ha resultado menor en un 50% en relación a lo aprobado por el Consejo Directivo de la E.N.P.

Referente al muelle de cabotaje de La Ceiba, en el transcurso del año se realizaron los diseños y planos finales, quedando pendiente el estudio geotécnico del subsuelo para la comprobación de la longitud y tamaño de la estructura de cimentación.

7. Se reubicaron y construyeron nuevas instalaciones deportivas en Puerto Cortés, lo que permitió aumentar la disponibilidad de terrenos en el recinto portuario y atender obligaciones contractuales con el sindicato.

Las instalaciones deportivas construidas llenan los requisitos para su buen funcionamiento y ya están en uso. Referente al avance económico se ha invertido solamente un 33% de lo previsto en el presupuesto aprobado en vista que el proyecto se llevó a cabo por Administración.

ASPECTOS OPERATIVOS Y ADMINISTRATIVOS

1. Para 1988 el volumen de carga ascendió a 3,644.9 miles de toneladas métricas, lo que representa un aumento de 184.3 miles de toneladas métricas con respecto al nivel alcanzado en 1987. El movimiento operacional comparativo de la E.N.P. fue el siguiente:

Concepto	1987	1988	VARIACIÓN Absoluta	VARIACIÓN Relativa
Manejo de carga (miles de toneladas métricas)	3,460.6	3,644.9	184.3	5.3
Importación	1,589.1	1,653.3	64.2	4.0
Exportación	1,871.5	1,991.6	120.1	6.4
Barcos (unidades)	1,462	1,493	31	2.1
Módulos de transporte (unidades)	102,200	104,995	2,795	2.7

2. Se concretaron las negociaciones con la Standard Fruit Company sobre el terreno de que dispondrá la empresa para la ejecución del proyecto de zona libre en La Ceiba. En 1988 se iniciaron las obras de preparación y urbanización de dicho terreno para la construcción de edificios a partir de 1989.

Actualmente se está trabajando en labores de limpieza y drenaje del terreno para poder dar inicio a las actividades de construcción de terracería previa al inicio de la urbanización y construcción de edificios.

3. Se suscribió el contrato de asistencia técnica y financiera con el Gobierno de Holanda para la preparación de estudios y ejecución de proyectos de dragado y relleno de terrenos, el cual se obtuvo

mediante una donación del Gobierno holandés y será extensivo a la ejecución de obras que está efectuando la División Municipal de Desarrollo (DIMUNDE) en la comunidad de Puerto Cortés con la respectiva suscripción de los convenios y contratos con este organismo.

4. Se suscribió el Sexto Contrato Colectivo de Trabajo entre la empresa y el sindicato, habiéndose desarrollado las negociaciones en un ambiente de armonía obrero patronal y enmarcándose la empresa dentro de su capacidad financiera para atender las demandas sindicales.

5. Continuando con la política de mantener las mejores relaciones entre empresa y sindicato, en 1988 se solucionó el problema del personal temporal o eventual que se había generado y mantenido durante más de tres años.

6. Se continuó con el proyecto de capacitación del personal técnico TRAINMAR en la esfera de puerto y transporte marítimo, el cual es apoyado técnica y financieramente por UNCTAD, Comunidad Económica Europea (CEE) y la Organización Marítima Internacional (OMI). Se participó en tres cursos en Honduras con la participación total de 37 personas de empresas portuarias de Centroamérica, así como de recursos humanos del sector público y privado involucrado en la actividad portuaria y marítima.

7. A nivel operativo y administrativo en 1988 se impartieron y se participó en 53 cursos con una asistencia de 526 empleados.

8. Se atendió oportunamente el servicio de la deuda nacional e internacional, habiéndose desembolsado en 1988 un total de 22.1 millones de lempiras, con lo cual se mantiene la solvencia y prestigio institucional ante los organismos financieros acreedores de la ENP.

9. En apoyo a las medidas de racionalización de los recursos estatales emitidas por el Gobierno Central, en 1988 la ENP redujo su presupuesto de gastos corrientes en 1.7 millones de lempiras, monto que será alcanzado sin la afectación drástica de las actividades de funcionamiento de la institución.

10. Se ejecutó la rehabilitación del muelle del Puerto Lempira, como un apoyo de la ENP a las actividades comerciales de cabotaje que se generan en aquella zona.

11. Se rehabilitó el sistema de alcantarillado en la Aldea de Castilla, en cumplimiento a las obligaciones institucionales contraídas con aquella comunidad desde la construcción del puerto.

Este proyecto fue totalmente terminado ejecutándose por administración, resultado que los costos fueron un 50% más bajos que lo presupuestado.

La ENP supervisa en Puerto Cortés las obras de facilidades de la Terminal de Graneles para la exportación de Clinker y cemento.

También se trabaja en la instalación del nuevo sistema de defensas con un 50% concluido.

MOVIMIENTO GENERAL DE BARCOS

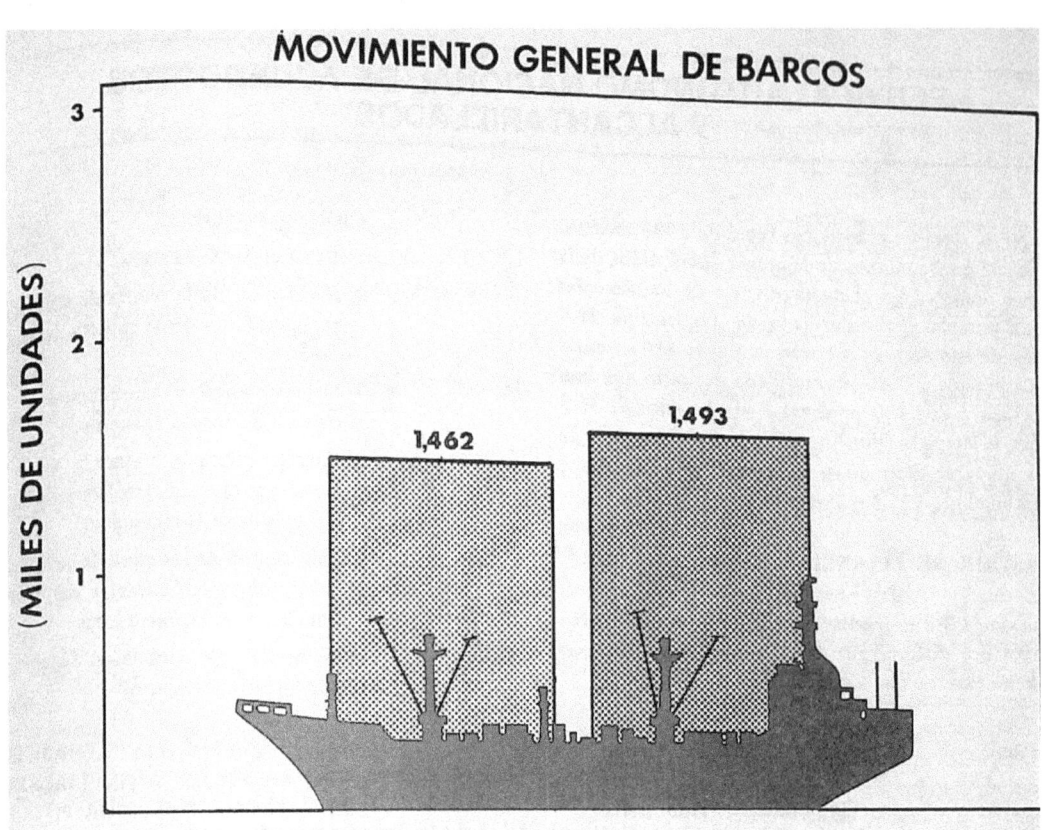

MOVIMIENTO OPERACIONAL COMPARATIVO DE CARGA

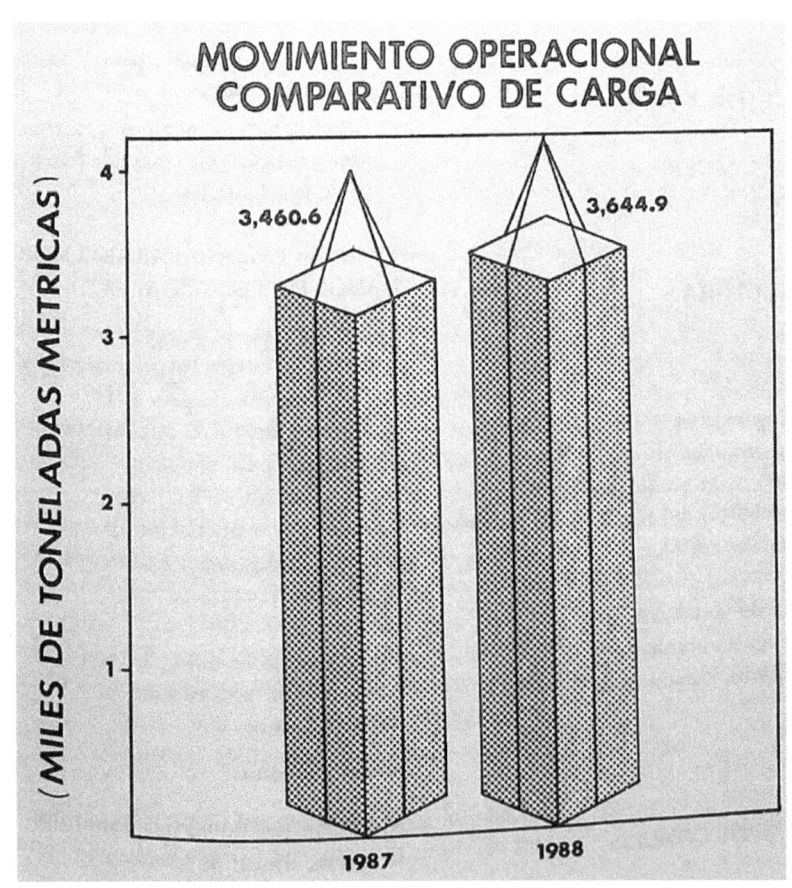

SERVICIO AUTÓNOMO NACIONAL DE ACUEDUCTOS Y ALCANTARILLADOS

El SANAA, durante el ejercicio fiscal de 1988, invirtió un total de 65.2 millones de lempiras distribuidas de la siguiente manera: En el mejoramiento de los sistemas de agua potable y alcantarillado de Tegucigalpa 28.9 millones de lempiras; en la construcción de 144 sistemas de agua potable y 7 de alcantarillado sanitario que han beneficiado a 268,400 personas a nivel nacional, 36.3 millones de lempiras (Ver Anexo 1). Para el desarrollo de nuevas obras se gestionó y se legalizó financiamiento internacional por 123.8 millones de lempiras.

1. GESTIÓN DE FINANCIAMIENTO

Durante 1988 se legalizó, mediante convenios aprobados por el Congreso de la República, el financiamiento externo que a continuación se detalla:

Proyecto	Monto (1,000 Lps.)	Origen
Concepción	74,070	Gob. Italia
Concepción	23,600	Gob. Francia
Agua Rural		
Choluteca-Valle	10,000	Gob. Alemania
Sectorial Salud II	14,220	Gob. E.U.A.
Barrios marginados		
Tega.	1,930	UNICEF
	123,820	

2. DESARROLLO DE INFRAESTRUCTURA

Distrito Metropolitano

El Distrito Metropolitano, (Tegucigalpa y Comayagüela), durante 1988 aumentó sus abonados en 3,065 (4.5%) llegando a un total de 66,216, los que representan el 59% del total de abonados urbanos que atiende el SANAA.

Para solventar los problemas de desabastecimiento, mejorar la calidad del agua y ampliar el servicio de alcantarillado sanitario, durante el año se trabajó en lo siguiente:

Ampliación y Mejoras

— Ejecución del Proyecto de Concepción consistente en:

o Excavación de la presa.

o Instalación de la planta de trituración y explotación de la cantera de agregados.

o Mejoramiento y mantenimiento del camino de acceso existente.

o Construcción de treinta y nueve viviendas para reubicación de pobladores de la aldea de Concepción.

o Fabricación de los equipos de la planta de tratamiento, tuberías del sistema primario y micromedidores.

o Licitación Construcción Sistema de Distribución Primario.

— Ejecución del Proyecto "Rehabilitación, Mejoras y Ampliaciones del Sistema de Agua Potable de Tegucigalpa".

o Inicio del proceso de licitación para adquisición de materiales y servicios de construcción.

o Adquisición de equipos y accesorios para rehabilitar la planta de tratamiento de Los Laureles.

— Ejecución del Proyecto "Barrios Marginados de Tegucigalpa".

o Perforación de pozos y construcción de red en cuatro barrios marginados.

— Instalación de 3 km. de tubería en la red de Tegucigalpa.

— Adquisición e instalación de equipos de bombeo en los pozos en la salida a Valle de Ángeles.

— Construcción de dos colectores de alcantarillado sanitario en La Sosa y Jardines de Toncontín.

Estudios y diseños

— Ejecución del 60% del diseño final de la presa, línea de conducción, planta potabilizadora y sistema de distribución primario del Proyecto de Concepción.

— Investigación de aguas subterráneas en Tegucigalpa con asistencia técnica del Gobierno Británico.

— Terminación del estudio de factibilidad para la captación de agua de la Montaña del Chile.

— Estudio para abastecimiento de agua a barrios marginados.

— Trámite de contratación para los trabajos de supervisión, de construcción de obras del proyecto "Rehabilitación, Mejoras y Ampliaciones del Sistema de Agua Potable de Tegucigalpa".

— Trámites de contratación para el estudio del alcantarillado sanitario de Tegucigalpa.

— Formulación de planes de manejo y de reasentamientos humanos en las cuencas de los ríos Grande y Guacerique.

El costo total de obras y estudio fue de 28.9 millones de lempiras.

2.2 Sector Urbano

Sistemas tres ciudades.

Los sistemas sirven a las ciudades de Puerto Cortés, El Progreso y La Ceiba y atienden a un total de 20,500 abonados que representan el 18% de los abonados urbanos del SANAA. Se han realizado obras para mejorar las instalaciones y cumplir con compromisos contractuales contraídos con el BID.

En Puerto Cortés se aumentó la capacidad de producción de 100 lps. A 190 lps. ampliando la línea de conducción y adquiriendo equipos de bombeo adicionales.

— En La Ceiba se reconstruyó la estación de bombeo La Merced, se amplió la Red de Distribución en La Merced, Suyapa y Melgar, con un total de 2,000 abonados y se inició la construcción de la matriz Danto-Bonito.

— En El Progreso se rehabilitaron los equipos de bombeo, se efectuó la interconexión de la red alta y red baja y se mejoró la red en los barrios de Corocol, El Barro, y Llave en Mano.

Por otra parte, en las tres ciudades se ha llevado a cabo un intenso programa de instalación de micromedidores y desconexión de acometidas de la red del sistema antiguo. El costo total asciende a 0.5 millones de lempiras.

Proyecto Cuatro Ciudades

Consiste en el mejoramiento de los sistemas de abastecimiento de agua de Tela, Siguatepeque, La Paz y Juticalpa, con una población total de 115,000 personas; está siendo financiado con el préstamo BID-763/SF-HO por un monto de 48 millones de lempiras y un costo total de 60 millones de lempiras, se ha trabajado en lo siguiente:

— Adquisición de las tuberías, accesorios, válvulas e hidrantes requeridos para su construcción.

— Ejecución del 80% de los trabajos de perforación de pozos.

— Inicio del proceso de contratación de la construcción.

En estas actividades se han invertido 15 millones de lempiras.

Proyecto Generación de Empleo

Este proyecto, financiado mediante donación de la Agencia para el Desarrollo Internacional (AID) a través de la Oficina de Coordinación del Programa de Generación de Empleo, ha trabajado en los sistemas de abastecimiento de agua de las siguientes comunidades: Chalmeca, La Entrada, San Antonio y Santa Rosa en el Departamento de Copán; Antigua Ocotepeque, Sinuapa, Nueva Ocotepeque, El Tránsito, La Encarnación y San Marcos en Ocotepeque; y Trinidad en Santa Bárbara.

Asimismo, se ha trabajado en el alcantarillado sanitario de las comunidades de Las Flores, Lepaera y Corquín del Departamento de Lempira, habiendo quedado terminado los dos primeros.

La inversión realizada fue de 7.7 millones de lempiras y se concluyeron once de los doce sistemas mencionados.

Obras con fondos propios y transferencia del Gobierno Central.

— Mejoramiento del acueducto de la colonia López Arellano en Choloma, Cortés.

— Inicio de la construcción de la segunda etapa del colector La Cataquila de la ciudad de Santa Bárbara.

— Estudios de nuevos sistemas de abastecimiento de agua en un total de siete para agua y dos para alcantarillado.

Estudios con Financiamiento del Gobierno Alemán

— Estudio de factibilidad del sistema de abastecimiento de agua y alcantarillado sanitario de la Ciudad de Danlí.

— Investigación de aguas subterráneas para el abastecimiento de las ciudades de Choluteca, San Lorenzo y Marcovia y once comunidades rurales; e inicio de la gestión de la contratación de los servicios profesionales para el estudio de factibilidad respectivo.

2.3 Sector Rural

En el sector rural se continuó trabajando con: Programa de Agua y Saneamiento Rural (Prasar-SANAA-AID); Tercera Etapa Programa Acueductos Rurales SANAA-BID; Programa SANAA-CARE-Comunidad y Programa Ministerio de la Presidencia. Mediante los diferentes programas se dotó de agua a 191 localidades que beneficiaron a 164,199 personas (Ver Anexo II) con una inversión total de 16.8 millones de lempiras.

Durante 1988 se completó el estudio de factibilidad para el abastecimiento de agua y saneamiento de cuarenta y seis comunidades rurales, ubicadas en los departamentos de Choluteca y Valle. Se inició la contratación de los servicios de consultoría para la ejecución física de las obras que se llevará a cabo en 1989.

Dentro del proyecto Sectorial de Salud, Segunda Etapa, financiado mediante convenio de donación entre la AID y el Gobierno de Honduras, se incluyó un componente de acueductos rurales a ejecutar por el SANAA hasta por un monto de 14.2 millones que beneficiará a un total de 150,000 personas mediante la construcción de 500 sistemas, proyecto que se iniciará a partir de enero de 1989.

3. DESARROLLO INSTITUCIONAL

Facilidades físicas

— Se inició la construcción de las oficinas regionales en Siguatepeque y en El Progreso.

— Se completó el diseño y se efectuó la precalificación para construcción del edificio de oficinas, talleres, laboratorios y almacenes para el Distrito Metropolitano en Tegucigalpa.

— Se inició la licitación de adquisición de herramienta y equipo para dotar a las Regionales de Operación y Mantenimiento en toda la República.

— Adquisición de 11,000 medidores para acueductos urbanos y 15,000 para el Distrito Metropolitano.

— Construcción del 60% del taller de micro medición.

— Adquisición de veinticinco vehículos para el Departamento Comercial.

Asistencia técnica

— Con apoyo del FMI se formuló el presupuesto de 1989 con la metodología de presupuesto base cero.

— Con apoyo de OPS/OMS se continuó trabajando en las acciones requeridas para cumplir compromisos sobre administración financiera contraído con el BID.

— Se preparó un documento para gestionar financiamiento para formular un plan sectorial para el periodo 1990-2000.

— Con apoyo del BID se ha recibido asesoría en las áreas de: Operación y Mantenimiento de Acueductos Rurales, Administración y Gerencia de Acueductos Rurales e Investigación de Aguas Subterráneas en el área rural.

— Con financiamiento del Gobierno Francés se iniciaron trabajos en el diseño de un Sistema de Gestión Centralizada para el Acueducto Metropolitano y de asesoría en el mejoramiento de los sistemas de Operaciones y Comercial.

— Se ha iniciado con apoyo de Unicef un Programa de Movilización Social que se llevará a cabo en el Distrito Metropolitano y en las cuatro ciudades para crear conciencia sobre la problemática del agua y del saneamiento y lograr el apoyo de la comunidad en la protección de cuencas y en el uso eficiente del agua.

ANEXO 1 INFORME DE LABORES DURANTE 1988 SERVICIO AUTÓNOMO NACIONAL DE ACUEDUCTOS Y ALCANTARILLADOS INVERSIONES REALIZADAS			
DESCRIPCIÓN	INVERSIÓN TOTAL	FINANCIAMIENTO	
		EXTERNO	INTERNO
1. PROYECTO CONCEPCIÓN	23,992.1	18,379.7	5,612.4
2. REHABIL. AMPLIAC. Y MEJ. TEGA.	2,982.8	854.6	2,128.2
3. PLAN MAESTRO	1,550	0.0	1,550
4. OPERACIÓN Y MANTENIMIENTO D.M.	350	0.0	350
5. PROG. GENER. EMPLEO AGUA Y ALC.	5,892.2	5,892	0.0
6. MINISTERIO DE LA PRESIDENCIA	100	0.0	100
7. ASISTENCIA TÉCNICA	100	0.0	100
8. MEJ. ACUED. CHOLUTECA	63.1	0.0	63.1
9. SISTEMAS TRES CIUDADES	502.9	0.0	502.9
10. PLAN EMERGENTE	1,847.8	1,714.7	133.1
11. PROYECTO CUATRO CIUDADES	15,035.4	12,160.4	2,875
12. COLONIA LÓPEZ ARELLANO	570	0.0	570
13. ALC. SANIT. LA CATAQUILA	40	0.0	40
14. PROYECTO AGUA Y SANEAMIENTO RURAL	3,462.9	1,997	1,465.9
15. TERCERA ETAPA ACUED. RUR. SANAA-BID	5,673	4,870.1	802.9
16. ACUEDUCTOS RURALES CHOLUTECA-VALLE	944.5	660	284.5
17. ACUEDUCTOS RURALES SANAA-CARE	2,100	1,000	1,100
TOTALES	65,206.7	47,528.7	17,678

NOTA: Cifras en miles de lempiras

ANEXO II
INFORME DE LABORES 1988
CONSTRUCCIÓN DE ACUEDUCTOS
RURALES

DEPARTAMENTO	No. DE PROYECTOS	COMUNIDADES BENEFICIADAS
1. ATLÁNTIDA	8	11
2. COLÓN	9	17
3. COMAYAGUA	17	23
4. COPÁN	4	4
5. CORTÉS	5	5
6. CHOLUTECA	8	9
7. EL PARAÍSO	12	17
8. FRANCISCO MORAZÁN	18	23
9. GRACIAS A DIOS	1	1
10. ISLAS DE LA BAHÍA		
11. INTIBUCÁ	3	3
12. LA PAZ	6	11
13. LEMPIRA	13	14
14. OCOTEPEQUE	8	8
15. OLANCHO	11	17
16. SANTA BÁRBARA	7	7
17. VALLE		
18. YORO	12	21
TOTALES	142	191

El Gobierno busca solucionar la escasez de agua en la capital con la represa Concepción.

Vista parcial de la construcción de la Planta Potabilizadora en Santa Rosa de Copán.

119

INSTITUTO DE LA VIVIENDA

Las actividades se realizaron de acuerdo al Plan Operativo y a las disponibilidades financieras de la institución; fue así como durante 1988 se desarrollaron los siguientes proyectos.

En el área urbana, en la ciudad de Tegucigalpa y San Pedro Sula, se ejecutaron los proyectos La Joya, Villa Suyapa, Edificio del INVA y Ciudad Planeta; construyéndose un total de 263 viviendas, se rehabilitan 1,056 viviendas, se construye la infraestructura y dos multifamiliares en la Villa Suyapa, la inversión fue de Lps. 8.5 millones.

Asimismo, a través del Departamento de Ahorro y Préstamo del INVA, se otorgaron un total de 490 préstamos con una inversión de Lps. 3.3 millones para la construcción, mejoramiento y ampliación de vivienda, un 95% de los préstamos fueron fiduciarios y un 5% hipotecarios.

En el área rural, se construyeron en total 622 viviendas; por medio del Programa de Vivienda Mínima, se edificaron 269 viviendas con una inversión de Lps. 0.9 millones y 353 viviendas con la transferencia del Gobierno Central correspondiente al financiamiento AID-522-T-043 con una inversión de Lps. 1.1 millones.

Los mejoramientos realizados por intermedio de las organizaciones privadas sin fines de lucro y financiadas con la misma transferencia del Gobierno Central del Préstamo 522-0171, totalizaron 3,200 con una inversión (fondo aleatorio) de Lps. 1.8 millones.

En resumen, se construyeron y mejoraron un total de 4,636 viviendas con una inversión de Lps. 15.7 millones.

También se desarrollaron otras actividades importantes como son:

— Elaboración e implementación de Plan Operativo Carboneras del Común de Yaguacire para damnificados de las inundaciones ocurridas el 15 de septiembre de 1988, el que incluye los siguientes programas: Capacitación, Cooperativas, Organización Comunal, Autoconstrucción y Mejoramiento ambiental.

— Estudio de Prefactibilidad para el Proyecto de Legalización y Ordenamiento de Terrenos Urbanos Invadidos y Mejoramiento Habitacional (PROLOTE), que se orienta a dar acceso formal a la tierra urbana a las familias de bajos ingresos, coordinando y armonizando esfuerzos entre el Sector Privado poseedor de la tierra, los sectores poblacionales ocupantes de hecho, las instituciones reguladoras del crecimiento urbano y el Instituto de la Vivienda.

— Análisis de propuestas para el desarrollo del Estudio de Factibilidad del proyecto habitacional Ciudad Morazán y gestiones de financiamiento de dicho estudio ante FOHPREI.

— Realización de un operativo de reducción de la morosidad a través del cobro a domicilio, actividad que en el transcurso de cuatro (4) meses, recuperó cerca de Lps. 1.0 millones.

— Formulación del Plan 2000 como instrumento que contempla las normas y definiciones políticas que permitan:

- La organización e integración del sector.

- La implementación y coordinación de desarrollo de planes de vivienda coherentes de mediano y largo plazo.

- Prioridades del Sector Vivienda
  - Formas de atención y acceso a los programas habitacionales.

  - Identificación de fuentes y recursos necesarios (financieros, técnicos y humanos).

- Puesta en marcha del sistema contable y presupuesto de gastos a través del uso del computador.

REALIZACIONES E INVERSIONES EN 1988

A. ÁREA URBANA

Programa de Construcción

Proyecto La Joya	Avance al 31/XII/88
Obras contratadas	
— Urbanización y construcción de 170 viviendas de dos dormitorios y 63 lotes urbanizados	65%
— Calle vehicular en sectores I, II, III	100%
— Excavación del muro de protección	100%
— Construcción de muro de protección	100%
Pagos realizados	L.3,500,000

Proyecto Villa Suyapa

Obras a realizar

— Construcción de 510
    viviendas
    356 de 3 dormitorios
    154 de 2 dormitorios

Obras contratadas en Nov/88	Avance 31/XII/88
224 viviendas tipo 1 en hilera	20%
132 viviendas tipo 1 en dúplex	20%
154 viviendas tipo B en hilera	20%
La urbanización de estas viviendas está en un avance de	80%
Edificio multifamiliar de 4 plantas con dos apartamentos cada planta	avance 31/XII/88 80%
Obras en ejecución por administración directa edificio multifamiliar de 4 plantas 2 apartamentos cada planta	60%

El proyecto se ha programado concluirlo en noviembre de 1989 y en un principio será sede a las delegaciones participantes en los IV Juegos Centroamericanos.

La ejecución presupuestaria a diciembre 1988 de Lps. 2.5 millones.

En el mismo terreno se construye un local en donde se ubicará una agencia de ahorro y préstamo del DAP con una erogación de Lps. 10.0 miles a diciembre de 1988.

Edificio INVA

Se inició el 12 de julio de 1988 mediante contrato celebrado con Servicios Autorizados de Trabajos de Obras, S. de R.L. de C.V. (SATO) a un plazo de nueve (9) meses (270 días) la ejecución física a diciembre presenta un adelanto de 60%, habiéndose erogado la cantidad de Lps. 1.4 millones.

Ciudad Planeta

Se ubica a 1 km. del Municipio de La Lima, fue transferido al INVA para su rehabilitación y venta.

El proyecto consta de 1,520 unidades, al momento de su traspaso presentaba el siguiente panorama.

Vivienda adjudicada	565
- Habitadas	456
- Deshabitadas	107
Viviendas sin adjudicar	955
Total de viviendas	1,520

Al 31 de diciembre las obras realizadas han sido:

Viviendas reparadas	1,056
Viviendas demolidas	2
Viviendas habitadas y adjudicadas por FOVI	458
Oficinas y casas modelos	4
TOTAL	1,520

A diciembre el INVA ha adjudicado las 1,056 viviendas reparadas presentando una erogación de Lps. 1.3 millones.

Otras inversiones

Hato de En medio: este proyecto en 1988 presenta una erogación de Lps. 304.0 miles y corresponde a gastos en reparación y/o ampliación de obras de proyectos terminados; obras comunales y comerciales, la inversión se distribuye así:

Sector 10	Lps. 136.0 miles
Sector 9 (55 viviendas)	Lps. 11.4 miles
Sector 9 (28 lotes)	Lps. 15.9 miles
Locales comerciales	Lps. 40.3
Obras comunales	Lps. 100.4 miles
	Lps. 304.0 miles

Proyectos en diseño

El Departamento de Diseño desarrolló durante 1988 las siguientes acciones:

— Diseño de obras de equipamiento social en el proyecto La Joya (Jardín de Niños, Escuela Primaria, y Clínica Médica).

— Inicio del diseño del proyecto Las Pilitas, a diciembre muestra un avance de 50%.

— Elaboración de planos y dictámenes sobre áreas de terreno de diferentes colonias del INVA, para la construcción de escuelas, colegios, centros de salud, parques, etc.

— Precalificación de firmas consultoras y preparación de documentos para licitación de los proyectos en desarrollo.

— Preparación de planos y especificaciones del proyecto "30 Aniversario" para la solicitud de financiamiento al BCIE.

Programa de Mejoramiento Habitacional

A través del Departamento de Ahorro y Préstamo (DAP) se han concedido un total de 490 préstamos con una inversión de Lps. 3.3 millones, correspondiendo un 95% de la inversión en préstamos fiduciarios y un 5% en préstamos hipotecarios para la construcción, mejoramiento y/o ampliación de viviendas.

B. ÁREA RURAL

Construcción

En el área rural se llevan a cabo dos programas con financiamiento externo y dos proyectos con financiamiento externo y dos proyectos con financiamiento interno, el comportamiento en 1988 ha sido el siguiente:

Programa de Vivienda Mínima Rural

Financiado con fondos del Gobierno Alemán a través del Kreditanstalt Fur Wiederaufbau (KFW), durante el presente año se han construido un total de 269 viviendas con una inversión de Lps. 0.9 millones. Es importante mencionar que en el total de viviendas construidas se toma en cuenta la proporción de viviendas en construcción y en preparación de acuerdo a los desembolsos realizados.

Programa de Mejoramiento de Vivienda Rural

Financiado con fondos del AID, transferido al INVA por el Gobierno Central, para otorgar líneas de crédito a las instituciones sin fines para que esta, a su vez, sub presten a familias de bajos ingresos para la construcción y mejoramiento de sus viviendas. El programa presenta el siguiente avance:

	Al 31/XII/88
Construcción de viviendas	353
Desembolsos	L. 1,100.0 miles

Actualmente son ocho (8) las asociaciones de fines de lucro que desarrollan programas de construcción en los departamentos de El Paraíso, Choluteca, Ocotepeque, Yoro, Valle, Olancho y Santa Bárbara.

Proyecto Guanacastales

Ubicado en el Departamento de Cortés, consta de 24 viviendas con un aporte por parte del INVA por Lps. 72,000 para la compra de materiales, para: cimentación, piso, refuerzos verticales y horizontales en muros y techos, la cooperativa facilitó mano de obra calificada, bloques, arena y piedra.

El proyecto se inició en 1987, terminándose en el mes de abril de 1988, la inversión realizada fue de Lps. 8.2 miles.

Proyecto SUTRASFCO-INVA

Se localiza en Nerones, Coyoles Central, Olanchito, Yoro se construyó con fondos internos otorgados por el Banco Central de Honduras.

Los trabajos se iniciaron en marzo de 1987 y concluyeron en agosto de 1988. Se construyeron un total de 58 viviendas con una inversión de Lps. 594.8 miles.

Área de construcción	68 m^2
Área de lote	500 m^2

C. MEJORAMIENTO RURAL

1. Por intermedio de 24 organizaciones privadas sin fines de lucro diseminadas en los departamentos de Cortés, Yoro, Santa Bárbara, Francisco Morazán, El Paraíso, Olancho, Choluteca, Nacaome y Ocotepeque se otorgaron un total de 3,600 subpréstamos con fondos rotatorios de Lps. 1.8 millones.

El financiamiento proviene de fondos del préstamo AID-522-T-043 concedido al Gobierno Central y transferido al INVA para que los canalice a las diferentes organizaciones privadas.

A través del financiamiento del Programa de Vivienda Mínima Rural y con el componente de mejoramiento, se han atendido un total de 61 viviendas con una inversión de Lps. 54.6 miles.

ANEXO
EJECUCIÓN FÍSICA E INVERSIONES INVA 1988
(Miles de lempiras)

PROYECTO	LOCALIZACIÓN	NÚMERO VIVIENDA	TIPOLOGÍA	INVERSIÓN
1. Programa de Construcción Urbana				
La Joya	Tegucigalpa	110	Unidad. 2 dormitorios	3,200

La Joya	Tegucigalpa	63	Lotes urbanizados	300
Villa Suyapa	Tegucigalpa	Urbaniz.	Lotes y multifamiliares	2,500
Agencia DAP Villa Suyapa	Tegucigalpa	Multifam.		10
Ciudad Planeta	San Pedro Sula	1,056 1/	Unidad básica	1,300
SUTRASFCO	Nerones Coyoles	58	Viviendas 3 Dormitorios	594.8
SUTRASFCO	La Lima	32	Viviendas 3 Dormitorios	320
Obras de Infraestructura Comunales y Comerciales	Tegucigalpa			304
SUBTOTAL		263		8,528.8

1/ Viviendas rehabilitadas

2. Programa de Mejoramiento Urbano

Préstamos DAP		490		3,300
TOTAL URBANO		753		11,828

3. Programa de Construcción Rural

Vivienda Mínima Rural (KFW)

El Rey	El Negrito, Yoro	4	Unidad uso múltiple	35.6
La Mealler	El Progreso, Yoro	4	Unidad uso múltiple	1.9
La Democracia	El Negrito, Yoro	6	Unidad uso múltiple	15.8
El Zapote No. 1	San Marco de Octep.	6	Unidad uso múltiple	21.3
La Esperanza	El Progreso, Yoro	4	Unidad uso múltiple	1.8
Montevideo	La Lima, Cortés	10	Unidad uso múltiple	46.6
Manacalito No. 1	Pto. Cortés, Cortés	7	Unidad uso múltiple	24.4
Luz en Acción	Macuelizo, Sta. B.	20	Unidad uso múltiple	50.4
Dulce Nombre Chalguapa	El Negrito, Yoro	14	Unidad uso múltiple	65.9
Omonita Limitada	El Progreso, Yoro	30	Unidad uso múltiple	71.7
Caimito 44	El Negrito, Yoro	12	Unidad uso múltiple	46.1
Luz y Fuerza	Macuelizo, Sta. B.	14	Unidad uso múltiple	43.9
Santa Elena del Yure	Santa Cruz Yojoa	14	Unidad uso múltiple	57.3
Los Chorritos	Santa Cruz Yojoa, C.	12	Unidad uso múltiple	42.0
Nueva Esmeralda	Guaymaca, Fco. M.	30	Unidad uso múltiple	99.2
Victoria de diciembre	Campo Naranjo Chino	21	Unidad uso múltiple	78.8
San Antonio No. 1	Choloma, Cortés	15	Unidad uso múltiple	48.8
El Progreso Limitada	El Negrito, Yoro	18	Unidad uso múltiple	52.7
Brisas de la Libertad	El Progreso, Yoro	6	Unidad uso múltiple	22.5
Dora	El Progreso, Yoro	8	Unidad uso múltiple	33.8

Soberanos del Norte	El Progreso, Yoro	8	Unidad uso múltiple	28.6
Morazán Limitada	El Progreso, Yoro	6	Unidad uso múltiple	20.8
SUBTOTAL		269		909.9
3.2 Subprograma 522-T-043				
Cáritas de Danlí	Danlí, El Paraíso	64	Unidad uso múltiple	186.9
San José Obrero	Choluteca, Choluteca	125	Unidad uso múltiple	360.2
Hermandad de Honduras	Ocotepeque, Ocotepeque	7	Unidad uso múltiple	29.2
Cantos de El Paraíso	El Paraíso, Paraíso	71	Unidad uso múltiple	209.4
Consejos Rurales	Olanchito, Yoro	13	Unidad uso múltiple	40.8
FEHCIL	Nacaome, Valle	33	Unidad uso múltiple	128.5
Cooperativa Maestros Carpinteros	Juticalpa, Olancho	10	Unidad uso múltiple	45
FEHCOVIL	Santa Bárbara	30	Unidad uso múltiple	100
SUBTOTAL		353		1,100
TOTAL CONSTRUCCIÓN RURAL		622		2,009.9
4. Programa de Mejoramiento Rural				
INVA-AID-522-0171	Varios	3,200	Varios	1,800.7
INVA-KFW	Varios	61	Varios	54.9
TOTAL MEJORAMIENTO RURAL		3,261		1,855.6
TOTAL		4,636		15,693.5

Panorámica del Proyecto "La Joya", unidades básicas construidas y lotes urbanizados.

En la Villa Olímpica, el INVA construye edificios multifamiliares para ser adjudicados una vez que concluyan los Cuartos Juegos Deportivos Centroamericanos.

El INVA dio atención a la realización de proyectos habitacionales para personas de bajos recursos económicos, construyendo viviendas de dos dormitorios.

En el área rural, el INVA ejecutó el Proyecto "La Democracia" en El Negrito, Yoro, donde se construyeron 24 viviendas.

FERROCARRIL NACIONAL DE HONDURAS

Durante el año 1988 se transportaron hasta los puertos de exportación más de 4 millones de pies tablares de madera y 12 millones de cajas de banano, además en los trenes operados por la Tela Railroad Company se transportaron, aproximadamente, 32 millones de cajas de bananos.

El ferrocarril manejó la transportación de 66,900 toneladas métricas de trigo y acarreo de 110,000 toneladas de fletes diversos en este periodo.

El movimiento de pasajeros fue de 180,000 personas y el kilometraje recorrido por los trenes de la empresa fue de 381,653 kilómetros. A través de la Agencia Aduanera, la empresa efectuó tramitaciones por un valor de 2 millones de lempiras.

Se rehabilitaron dos locomotoras en el Valle de Sula, se trabajó en la construcción de las espuelas en el Recinto Portuario de Puerto Cortés y ampliación de la espuela en la planta de Cemento Bijao, para el transporte a granel de 360,000 toneladas anuales de cemento para exportación.

ACTIVIDADES FINANCIERAS

Se incrementaron medidas de control de conformidad con la política dictada por el Gobierno Central, con el propósito de reducir los costos de operación y manejar en forma adecuada los recursos financieros de la institución.

ACTIVIDAD GERENCIAL ADMINISTRATIVA

Se estableció el Departamento de Procesamiento de Datos, logrando la computarización de las actividades administrativas y operacionales; se tomó esta medida de mecanizar el sistema contable financiero, ya que la empresa manejaba su información con mucho retraso.

Se pretende obtener a corto plazo los siguientes resultados:

a) Elaboración del Plan Operativo Presupuesto, en el tiempo estipulado.

b) Presentación oportuna de los estados financieros, para la toma de decisiones.

c) Disminución de gastos de operación.

d) Mejorar la preparación del personal para que en definitiva repercuta en beneficio de la empresa.

ACTIVIDADES LABORALES

— Capacitación del recurso humano de la empresa, en el área de mantenimiento preventivo de locomotoras y equipo rodante. Se contó con la amplia colaboración de los Ferrocarriles Nacionales de México.

— Capacitación del personal en el Departamento de Procesamiento de Datos.

— Participación en reuniones, seminarios, conferencias dictadas por la Comisión Centroamericana de Ferrocarriles (COCAFER) y Asociación Latinoamericana de Ferrocarriles (ALAF).

Proyecto:	Rehabilitación del Ferrocarril Nacional; tramo Chamalecón-Puerto Cortés y adquisición y reconstrucción del equipo rodante (locomotoras y vagones).
	El informe de evaluación comprende el estudio de ingeniería y de factibilidad técnico-económico y financiero.
Alcance del Proyecto:	El estudio comprende un análisis de la demanda, considerando un modelo de transporte, incluye además un análisis económico-financiero, los costos de ingeniería con el objeto de medir la rentabilidad financiera de la empresa (en la operación del tramo en referencia).
Objetivos:	Lograr obtener el financiamiento de más de once millones de lempiras para el desarrollo del Proyecto de Rehabilitación, con lo que se lograría reparar la vía férrea y la adquisición de equipo de tracción, rodante, estacionario y de mantenimiento.

Este proyecto será financiado a través del Banco Centroamericano de Integración Económica, que lo calificó de aceptable.

TOTAL CONSOLIDADO			
		UNIDAD	MILES LPS
Bananos	Cajas	12,000,000	1,023.8
Madera	Pies Tablares	4,000,000	626.3
Trigo	Ton. Métricas	66,900	510.1
Otros Fletes	Ton. Métricas	110,000	2,601.8
Manejo de Contenedores vacíos	Unidades	8,800	430.6
Movimiento de pasajeros		180,000	220.7
Trenes Kilómetros		381,653	
Liquidación de Pólizas de Importación y Exportación Agencia Aduanera		2,000,000	600.3
TOTAL DE INGRESOS			10,013.6

El kilometraje recorrido
en 1988 por el ferrocarril
nacional fue de
381.653 Kms.
equivalente a un viaje
de ida a la luna.

INSTITUTO HONDUREÑO DE SEGURIDAD SOCIAL

1. POBLACIÓN PROTEGIDA

El IHSS tiene asegurada la población trabajadora y beneficiaria de Tegucigalpa y San Pedro Sula, para los riesgos de enfermedad, maternidad e invalidez, vejez y muerte, y este último riesgo cubre las ciudades de Villanueva, Potrerillos, Pimienta, San Manuel, La Ceiba, Tela, Puerto Cortés, Santa Rosa de Copán, Choluteca, Amapala, San Lorenzo, Danlí, El Paraíso, Juticalpa y Catacamas. La población asegurada durante el periodo que se informa es de 574,604, distribuida de la siguiente forma: El 56% en la ciudad de Tegucigalpa, el 27% en la ciudad de San Pedro Sula, y el 17% el resto de las ciudades.

No obstante, el IHSS, conjuntamente con el Ministerio de Salud Pública, en el periodo de 1988, retomó el proyecto de "Coordinación e Integración de los Servicios de Salud", convenio firmado por ambas instituciones, con el propósito de extender cobertura, y llevar salud a todas aquellas áreas desprotegidas.

POBLACIÓN PROTEGIDA E ÍNDICE DE COBERTURA	
TIPOS DE POBLACIÓN	1988 (Personas)
Población nacional	4,801,500
Población económicamente activa	1,638,766
Población asegurada total	574,604
Población asegurada directa	222,910
Población asegurada beneficiaria	351,694
% de cobertura en relación a la población total del país	11.5
% de cobertura en relación a la población económicamente activa	13.6

Fuente: Proyecciones de población de la Secretaría de Coordinación, Planificación y Presupuesto (SECPLAN)

Proyecciones de población de la Unidad de Planificación IHSS.

2. PROGRAMAS BÁSICOS

Para el logro de sus objetivos, el IHSS desarrolló sus funciones en 5 programas básicos que son las siguientes:

Servicios Médicos Hospitalarios

Para la atención de los Servicios Médicos Hospitalarios, actualmente el IHSS, cuenta con 3 Hospitales, ubicados 2 en Tegucigalpa y 1 en San Pedro Sula, con una disponibilidad de 967 camas, 11 salas de operaciones, 6 salas de rayos x, 2 laboratorios de análisis clínicos, 2 laboratorios de patología y otro equipo hospitalario.

La producción esperada a diciembre será de 54,002 egresos hospitalarios, con la distribución siguiente:

Centro Hospitalario	Egresos a octubre	Proyectado a diciembre
Hospital Médico Quirúrgico	6,277	7,531
Hospital Materno Infantil	26,827	32,191
Hospital San Pedro Sula	11,900	14,280
Total	45,004	54,002

Servicios Médicos Ambulatorios

La consulta externa del IHSS atiende la demanda del primer y segundo nivel de atención, así: el **Primer Nivel** La Medicina General y Medicina Interna, y el **Segundo Nivel** La Medicina Especializada.

La producción esperada a diciembre es de 1,084,262 consultas, la cual se desglosa por cada centro asistencial.

Centro Asistencial	Producción Ambulatoria a octubre	Consulta Proyectado
Hospital Médico Quirúrgico	136,949	165,511
Hospital Materno Infantil	72,243	86,692
Clínica Periférica No. 1	308,780	363,836
Clínica Periférica No. 2	90,479	106,727
Hospital Regional de San Pedro Sula	276,246	331,496
Total	884,697	54,002

Preservación del riesgo

El programa orienta sus acciones al trabajador cuando este es afectado por eventos que reducen sus actividades profesionales o técnicas otorgándoles subsidios, rentas y pensiones.

A octubre del presente año se pagó por concepto de prestaciones L. 13,877,700, de continuar esta tendencia el desembolso a diciembre por este concepto será de Lps. 16,746,200, desglosado de la forma siguiente:

PRESTACIONES ECONÓMICAS AÑO 1988 (miles de lempiras)		
Descripción	Pagadas a octubre	Proyectado a diciembre
Subsidios	4,774.9	5,774.9
Pensiones por invalidez, vejez y muerte, ambos riesgos	9,037.6	10,900
Ayuda para funeral	42.2	46.3
Otras ayudas	23	25
Total	13,877.7	16,746.2

Programa de Seguridad e Higiene Ocupacional

Este programa se encuentra en fases de reestructuración, se está buscando un mayor acercamiento del IHSS con las empresas y sus trabajadores, para poder determinar la incidencia de accidentes, su normalización, así como la integración de las respectivas comisiones de Seguridad e Higiene que vigilen el cumplimiento de las medidas de seguridad. En este año se han analizado un total de 25 empresas.

Programa de Inversiones

Inversiones físicas

El IHSS no tuvo la oportunidad de programar nuevos proyectos en vista de la situación financiera por la cual atraviesa, asignándose únicamente Lps. 320 miles, los que fueron utilizados en ampliaciones, remodelaciones y mejoras a las instalaciones médicas que comprende lo siguiente: Remodelación área de Consulta Externa y área hospitalaria.

El IHSS invirtió en la compra de un nuevo equipo de cómputo la cantidad de L. 2.4 millones.

Inversiones financieras

Según registros contables en el Programa de Inversiones se han colocado en la Banca Privada y Estatal L. 23.6 millones, valores que corresponden a las reservas técnicas del régimen de invalidez, vejez y muerte.

3. **OTRAS ACTIVIDADES**

En el transcurso del año 1988, la Administración Superior hizo énfasis al análisis de la situación financiera y administrativa de la institución, por lo que se planteó ante el Congreso Nacional el Proyecto a las Reformas a La Ley, el cual, si fuese aprobado servirá para poder obtener los recursos necesarios para la supervivencia y extensión de la cobertura del Régimen de Enfermedad-Maternidad, y brindar mejores servicios a la población asegurada, además se elaboró un nuevo cuadro básico de medicamentos, con el propósito de una mejor eficiencia en la selección, adquisición, distribución y control de inventarios.

INSTITUTO HONDUREÑO DE SEGURIDAD SOCIAL
POBLACIÓN PROTEGIDA
AÑO 1988

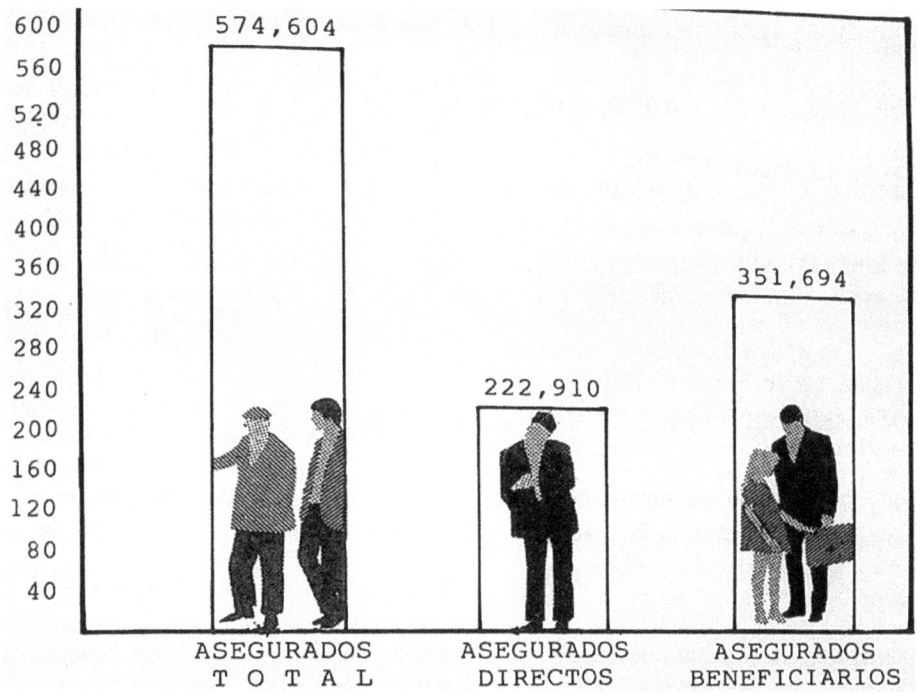

INSTITUTO HONDUREÑO DE SEGURIDAD SOCIAL
PRESTACIONES ECONÓMICAS
AÑO 1988

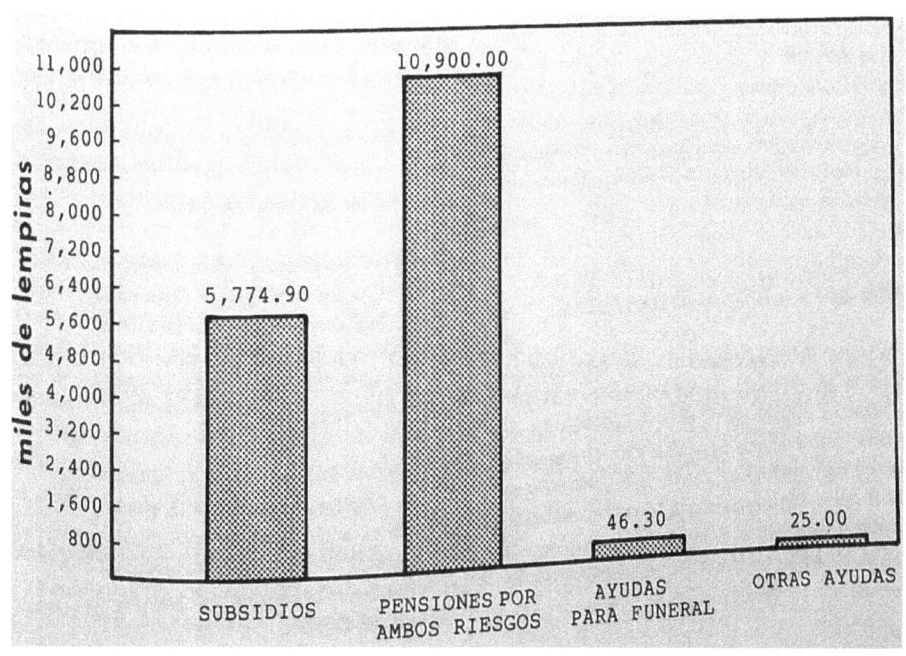

135

BANCO NACIONAL DE DESARROLLO AGRÍCOLA

Las principales actividades realizadas por BANADESA durante 1988, fueron:

I.– FINANCIAMIENTO DE LA PRODUCCIÓN

En 1988, BANADESA otorgó 56,643 préstamos por valor de 181 millones de lempiras destinados al financiamiento del sector agropecuario y demás sectores productivos del país. A la agricultura se destinaron 100.1 millones de lempiras, de los cuales L. 42.2 millones se dirigieron a la producción de granos básicos y los L. 57.9 millones restantes, al cultivo de café, algodón, caña de azúcar, hortalizas, cacao y otros rubros.

Para ganadería se destinaron L. 37.9 millones, de los cuales L. 37.3 millones se otorgaron al fomento de ganado vacuno y los L. 0.6 millones restantes, al ganado porcino y otras clases de ganado.

BANADESA también apoyó financieramente durante el año 1988 otros sectores económicos vinculados a la producción agropecuaria como son la agroindustria, comercio, servicios y otros a los cuales otorgó L. 43 millones.

Uno de los programas que ha recibido el mayor aporte financiero de BANADESA es el de Reforma Agraria, que es atendido con fondos en fideicomiso que administra el banco, especialmente el del Gobierno de Honduras, otorgándose 11,272 préstamos por L. 47.6 millones canalizados para la producción de granos básicos, algodón, caña de azúcar, melón, plátano y ganadería, fundamentalmente a través de grupos asociativos, denotando 26.3% del crédito total.

1.1 Impacto del financiamiento de BANADESA

El impacto del financiamiento de BANADESA durante el año 1988 se estima en más de 107,000 manzanas cultivadas en el país; 9,507.3 miles de quintales de productos agrícolas para el consumo interno y de exportación; y un empleo estimado en 5,691.5 miles días/hombre con lo cual se está contribuyendo a disminuir el índice de desempleo y la inmigración del área rural a los centros urbanos del país.

1.2 Administración de fondos en fideicomiso

En el presente año, BANADESA otorgó con fondos en fideicomiso 17,843 préstamos por valor de L. 50.9 millones de los cuales el 80% se destinó al sector agrícola, 12.8% al sector ganadero y 7.2% a los restantes sectores productivos entre los cuales destacan la agroindustria, avicultura, apicultura y otros.

Al 31 de diciembre de 1988 BANADESA ha suscrito treinta y tres (33) convenios de fideicomiso de los cuales nueve (9) se firmaron en el presente año y actualmente se mantienen activos veintidós (22) de ellos, con una cartera que asciende a los L. 130.5 millones, equivalente al 29.5% de la cartera total de préstamos de la institución.

Los proyectos financiados con estos fondos están orientados a beneficiar a los pequeños y medianos productores con alto riesgo, que no califican como sujetos de crédito de la banca comercial y como ya se indicó, fundamentalmente a los grupos organizados del programa de Reforma Agraria del País.

II.– SERVICIOS BANCARIOS

Al 31 de diciembre de 1988, los depósitos ascendieron a L. 145.4 millones, reflejo de la confianza del público en la institución.

II.1 Actividades complementarias

Como actividades complementarias, BANADESA maneja los servicios de distribución, venta y pago de la Lotería Menor de Honduras; realiza el pago por concepto de jubilaciones a los empleados públicos y recibe los pagos por servicios de teléfono, agua y energía eléctrica.

BANADESA en virtud de lo diseminado de su red de oficinas a nivel nacional, efectúa, además, importantes actividades de corresponsalía con el Banco Central de Honduras vinculadas esencialmente a recaudaciones fiscales y al pago de cheques a servidores del Estado.

II.2 Mejoramiento de los servicios bancarios

Con el propósito de atender eficientemente los servicios bancarios y brindar a la clientela del banco, así como a los empleados de la institución, las condiciones ambientales más favorables, BANADESA continuó con el programa de construcción y remodelación de los edificios de sucursales y agencias bancarias, construyendo en 1988 el edificio de la agencia bancaria de Catacamas y las instalaciones del taller mecánico de San Pedro Sula. Asimismo, se remodelaron los muros decorativos del exterior del edificio de la Oficina Central.

III.– PROGRAMA DE VENTAS DE INSUMOS E IMPLEMENTOS AGRÍCOLAS

Mediante el Programa de Ventas de Insumos e Implementos Agrícolas, BANADESA continuó contribuyendo a elevar la producción y productividad del sector agrícola, lo cual realizó a través de su red de agencias de ventas, que en un total de veinticuatro (24) tiene distribuidas en todo el territorio nacional.

Durante el año 1988 las ventas del programa ascendieron a L. 18 millones con lo cual se ha logrado generar un efecto regulador en los precios, principalmente en los fertilizantes.

IV.– PARTICIPACIÓN EN OTRAS EMPRESAS

En el marco del desarrollo agropecuario y agroindustrial del país, BANADESA participó como accionista importante, así como en la dirección y administración de empresas productivas agroindustriales, cuya actividad es congruente con el desarrollo productivo del país, tales como la Planta de Productos Lácteos Sula, S.A. de C.V. y el Ingenio Azucarero Cantarranas.

Adicionalmente, congruente con las disposiciones del Gobierno en relación a la privatización de empresas, BANADESA avanza sustancialmente en dicho proceso durante el presente año, coordinando sus acciones con los demás organismos del Estado involucrados en tal actividad; acelerando más recientemente, las acciones tendentes a la privatización de las dos empresas mencionadas.

V.– REALIZACIONES ADMINISTRATIVAS

Durante el año 1988, BANADESA continuó con su programa de capacitación del recurso humano, encaminado a mejorar áreas de trabajo prioritarias dentro de la institución. En este sentido, se realizaron 54 eventos de capacitación que fortalecieron y mejoraron al 30% del personal, logrando de esta manera, elevar los niveles de eficiencia en las diferentes áreas operativas de la institución. En cuanto a realización de activos extraordinarios el banco a través de los mecanismos establecidos, efectuó ventas por L. 1.4 millones.

VI.– COORDINACIÓN INTERINSTITUCIONAL

BANADESA desarrolló en 1988 una estrategia de coordinación con los organismos nacionales del sector público agrícola, así como con los organismos de financiamiento internacionales. De esta forma, se ha logrado una comunidad fluida y permanente con los mismos para enfrentar con mayor eficiencia la problemática del sector agropecuario.

VII.– OTRAS ACTIVIDADES

* BANADESA, en su condición de principal organismo financiero del Gobierno para el sector agrícola nacional, continuó vinculado estrechamente a varias instituciones y empresas del sector público y privado en las que participa a través de sus funcionarios y empleados, tanto en lo que a sesiones de trabajo se refiere, como en lo concerniente a evacuación de dictámenes y opiniones técnicas.

* Se efectuaron varias reuniones de trabajo con misiones del Banco Mundial que visitaron nuestro país para analizar y evaluar su asistencia financiera a la institución. Además, se ha mantenido una relación permanente con funcionarios de la Representación del Banco Interamericano de Desarrollo (BID) en nuestro país y de la sede principal en Washington, así como de la Agencia para el Desarrollo Internacional de los Estados Unidos (AID).

* Se organizó la Segunda Reunión de Jefes de Capacitación de los Bancos Agropecuarios de Centroamérica y Panamá, realizada el 24 y 25 de octubre de 1988 en Tegucigalpa, D.C.

* Se participó en la Decimoctava Reunión Ordinaria de la Asamblea General de la Asociación Latinoamericana de Instituciones Financieras de Desarrollo (ALIDE) realizada en la ciudad de Buenos Aires, Argentina, del 16 al 19 de mayo del presente año y en la cual el presidente de

BANADESA, P.M.J. Armando Erazo Medina fue nombrado miembro del Comité Directivo que regirá los destinos de dicha asociación durante el periodo 1988-1989.

* Con el fin de mejorar la estructura financiera de la institución, se ha iniciado un plan de mejoramiento de cartera con el que se está sistematizando el otorgamiento, control y recuperación de préstamos a nivel nacional.

* Se suscribió un convenio de coordinación y cooperación técnica interinstitucional con el Fondo Hondureño de Preinversión (FOHPREI) para apoyar las actividades de Preinversión e inversión en el sector agrícola.

CORPORACIÓN NACIONAL DE INVERSIONES

La "Corporación Nacional de Inversiones", enmarcada en su Plan Operativo Anual y Presupuesto para 1988, concentró sus esfuerzos en la ejecución de las metas que establecía el Programa de Privatización para el año, lo mismo que a realizar acciones concretas tendientes a mejorar la recuperación de cartera, aplicación de los mecanismos adecuados para consolidar empresas operando con utilidades y a la reactivación de industrias con problemas operacionales.

I.- ACTIVIDADES DEL PLAN OPERATIVO

1. En lo que respecta al Programa de Privatización se había previsto la venta de cinco (5) empresas y la meta alcanzada fue únicamente de cuatro (4), tal como se detallan a continuación:

Nombre de la empresa	Valor de venta (Lps.)
- Industria Hondureña del Mueble	1,032,900
- Papeles y Cartones, S.A.	8,080,000
- Azucarera Yojoa (Amortización acciones)	8,890,000
- Metales y Aluminios, S.A.	240,000
TOTAL	18,242,000

* *El traspaso se verificó a través del proceso de conversión de deuda externa, recibiéndose un pagaré por US$ 4 millones, el cual se aceptó con un descuento del 25%, equivalente a US. 1 millones.*

2. El bajo nivel de ejecución de traspaso es consecuencia de que las ventas no se han podido hacer a través del proceso de subasta, debido a que en algunos casos no se recibieron ofertas y en otros el valor propuesto era inferior al precio base establecido, teniéndose que llegar a la etapa de negociación directa, todo lo que toma aproximadamente tres (3) meses en algunos casos y hasta cinco (5) cuando se utiliza el procedimiento de negociación directa.

3. Actualmente se encuentra en proceso de subasta o negociación directa los activos pertenecientes a las empresas:

   Hotel Brisas del Lago
   Contessa
   Hotel Villas Telamar (Acciones)
   Industrial Nacional del Acero

4. Se está negociando vía conversión deuda interna lo concerniente a:

Industrial del Granito, S.A.	(Pago de deuda)
Productora Hondureña de Concreto	(Pago de deuda)
Granja Ávila, S.A.	(Pago de deuda)
Fundiciones Centro-americanas, S.A.	(Venta de archivos)
Sistemas Internacionales de la Construcción	(Venta de archivos)

5. En proceso de aprobación por parte de la corporación están los avalúos técnicos financieros de las compañías siguientes:

Mejores alimentos/agrícola de Honduras
Productos Lácteos Sula
Finca Santa Rosa y Palo Seco (Acensa)
Hotel Lincoln, S.A.

6. Existen tres (3) empresas que se encuentran en proceso de saneamiento financiero-legal, las cuales se indican a continuación:

Productos Industriales de Concreto (Terrenos)
Azucarera Central
Industria de la Construcción

7. Realización de avalúos en proceso:

Aceros Industriales
Productos Industriales de Concreto
Sertecny (Conrad)
Azucarera Central-Tan (Acciones)

8. Paralelamente a lo concerniente a privatización se realizaron una serie de actividades inherentes a la cartera de la corporación, las cuales se señalan en detalles:

— Se verificó compensación de créditos con Banco Sogerin por Lps. 1.0 millones con el fin de facilitar el remate del Hotel Lincoln, S.A., concediendo la corporación parte de su participación en Compañía General Hotelera por dicho valor, recibiendo a cambio el riesgo de dicha institución bancaria en el hotel antes mencionado por la misma cantidad.

— Continuaron las negociaciones con el BCIE para definir la correspondiente a la deuda directa de la corporación, el aval de "ACENSA" y el futuro de Textiles de Honduras, S.A.

— El Poder Ejecutivo acordó que, para facilitar la privatización de la Planta de Productos Lácteos Sula, BANADESA ejecutara el remate judicial previa negociación de compensación de créditos entre ambas partes, equivalente al riesgo de cada institución en dicha empresa.

La deuda indirecta que se tenía con Financiera y Banco Continental por Lps. 13,529.7 miles se convirtió a deuda directa de la corporación, readecuando la misma a cinco (5) años plazo a una tasa de interés del 14% anual.

Se continuaron las negociaciones con los diferentes acreedores de la que fue "Compañía General Hotelera" para definir el futuro de la empresa, considerando el esquema elaborado por el BCIE al respecto.

— El estudio de situación de garantías otorgadas a la corporación fue concluido, procediendo a renovarse pagarés vencidos de unos casos y a la aplicación de las medidas legales correspondientes en aquellas empresas que muestran insolvencia generalizada.

II.- LIQUIDACIÓN PRESUPUESTARIA

a. Ingresos

Considerando que el presupuesto para 1988 no ha sido aprobado, se continuó operando conforme a lo programado para 1987 que ascendía a un valor de Lps. 29,037.8 miles, habiéndose obtenido al 30 de noviembre ingresos por Lps. 37,937.3 miles, que representan el 127.5% de lo presupuestado.

Los ingresos obtenidos por rubro de origen se detallan a continuación:

Descripción	Valor (miles lps.)
1. Recursos Corrientes	9,827.3
Intereses	2,805.6
Comisiones	2,058.6
Dividendos	3,312.1
Otros Ingresos	1,651
2. Recursos de Capital	15,565.2
Aportes de Bancos y Aseguradora	2,535.7
Aporte de Industriales	3,207.5
Venta de Activos Eventuales	9,789.9
Otros Ingresos	32.1
3. Fuentes Financieras	9,683.2
Rescate de Préstamos de Industriales	265.7
Avales Pagados por CONADI	995.1
Préstamos de Vivienda	67.4
Recuperación de Colocaciones	2,750
Venta de Acciones	5,605
Venta de Bonos	-0-
4. Transacciones con pasivos financieros	1,961.6

Pagos de Ministerio de Hacienda por cuenta de CONADI sobre préstamos directos	852.1
Avales	1,109.5
TOTAL	37,037.3

Es conveniente señalar que en este análisis se incluye la venta de los activos de PACARSA por los cuales no se recibía efectivo, asimismo, los valores pagados a Banco Sogerin por lo que estos valores difieren con la liquidación presupuestaria que normalmente se envían al Ministerio de Hacienda y Crédito Público y la Secretaría de Coordinación, Planificación y Presupuesto (Secplan)

En concepto de recuperación de cartera se obtuvo ingresos por valor de Lps. 23,169.1 miles, que representan el 63% de los ingresos totales percibidos y el 97% de los Lps. 23,840 miles programados por este concepto. El detalle por tipo de actividad se indica a continuación:

	Valor (miles Lps.)	Participación (%)
Agroindustria	11,794.7	50.9
Madera y Derivados	7,631.4	32.9
Productos Químicos	-0-	-0-
Metalurgia	240	1
Turismo y Hoteles	55	0.3
Construcción	3,288	14.2
Textiles, Cuero y Ropa	-0-	-0-
Servicios y otros	160	0.7
TOTAL	23,169.1	100

Conforme al cuadro anterior, la mayor participación correspondió a la actividad de agroindustria con el 50%, lo que es atribuido a los Lps. 8,890.4 miles que se recibieron de Azucarera Yojoa, S.A., en concepto de pago de las acciones preferentes y por la amortización de intereses y dividendos sobre las mismas. En orden de importancia, esta madera y derivados con el 32.9% producto de la venta de los activos de Papeles y Cartones, S.A. a Scott Paper por un valor de Lps. 6,000 miles, mediante el proceso de conversión de deuda externa y la de Industria Hondureña del Mueble por L. 1,032.9 miles.

Los egresos estimados ascendían a Lps. 65,451.9 miles, habiéndose ejecutado al 30 de noviembre de 1988 la cantidad de Lps. 27,286.9 miles, equivalentes al 41.6% de lo programado. Su detalle por tipo de rubro es el siguiente:

Concepto	Aprobado (Miles Lps.)	Ejecutado a noviembre (Miles Lps.)	Cuadro de Ejecución
- Gasto Operativo	4,045.5	2,794.5	69.1
- Gastos de Manto. y Vig. Bienes Adjudicados	273.3	256.3	93.8
- Gastos Financieros	11,794.6	5,187.1	44
- Intereses pagados por Hacienda	28,362.2	1,961.6	8.2
- Préstamos a Industriales	3,500	1,553.5	44.4
- Colocaciones Bancarias	3,492	3,400	97.4
- Amort. Certif. Indus.	690	305	44.3
- Amort. Préstamos directos e indirec- tos externo.	5,719	1,509.9	26.4
- Amort. Préstamos a bancos nacionales y Min. de Hacienda	12,075.3	10,286.5	85.2
TOTAL	64,451.9	27,255	41.6

El cuadro anterior refleja lo que a continuación se señala:

— El gasto operativo presenta un grado de ejecución de 69.1%, situación atribuida a la aplicación de las medidas de austeridad dictadas por el Gobierno de la República para reducir el déficit fiscal.

— Los gastos financieros reflejan un porcentaje de ejecución de 44%, lo que es consecuencia de que INCESHSA no ha podido honrar sus compromisos con acreedores externos por la falta de disponibilidad de divisas, aun cuando ya entregó las lempiras al Banco Central de Honduras. Esta situación se da igualmente en los correspondientes a la amortización de los préstamos directos e indirectos de la corporación.

Finalmente, señalamos que, al igual que en 1988, las actividades de la corporación en 1989 se concentrarán en el proceso de privatización y considerando la experiencia adquirida al respecto el número de empresas a traspasarse será mayor que el actualmente alcanzado, objetivo que podrá ser realizado siempre y cuando se continúe recibiendo el apoyo que hasta la fecha ha otorgado.

BANCO MUNICIPAL AUTÓNOMO

Actualmente está en ejecución un proyecto piloto de desarrollo municipal con fondos provenientes del Banco Mundial; cuyo objetivo principal es fortalecer al banco como fuente principal de asistencia financiera y técnica municipal, así como a las municipalidades grandes (con poblaciones mayores de 80,000 habitantes) en su papel de proveedoras de los servicios esenciales y la infraestructura urbana necesaria; en esta primera etapa, el proyecto contempla tres componentes: inversiones piloto, asistencia técnica y preinversión.

Bajo este programa, en 1988 se ejecutaron y estuvieron en ejecución 5 proyectos de inversión, 1 de asistencia técnica y 2 de preinversión para un monto de inversiones aprobadas de L. 4,861.1 miles, L. 206.6 miles y L. 4,630 miles, respectivamente.

Otra fuente alternativa de financiamiento la constituye el Programa de Generación de Empleo que maneja recursos especiales del Gobierno de los Estados Unidos de América, orientado a otorgar financiamiento no reembolsable para la ejecución de proyectos de uso intensivo de mano de obra. En tal sentido, el banco ha venido administrando un fideicomiso en el marco de dicho programa, bajo el cual se han ejecutado varios proyectos de acueducto y alcantarillado sanitario en los cuales, para este año, se han efectuado mejoras o ampliaciones del orden de L. 250.1 miles en las comunidades de Lajamaní y La Libertad en Comayagua; Puerto Lempira y Brus Laguna en Gracias a Dios.

Asimismo, se han formulado y presentado solicitudes ante dicho programa por un monto de inversión de L. 14,605.4 miles correspondientes a 6 acueductos en las comunidades de Morazán, Yoro; Macuelizo, Santa Bárbara; Jesús de Otoro, Intibucá; El Porvenir y Orica en Francisco Morazán y Campamento en Olancho y a 9 solicitudes para sistemas de disposición de aguas servidas en las comunidades de la Villa de San Antonio, Comayagua; El Paraíso, El Paraíso; Marcala, La Paz; San Marcos, Sinuapa y San Francisco del Valle en Ocotepeque.

En virtud de las dificultades presupuestarias del Gobierno Central para hacerle frente a la deuda externa, no fue posible sino hasta finales del año lograr la aprobación de una solicitud de financiamiento presentada al Banco Interamericano de Desarrollo, así como la respectiva suscripción del contrato de préstamo para ejecutar un Programa de Desarrollo Municipal, orientado a los municipios intermedios, definidos como aquellos que tienen una población entre 10,000 y 80,000 habitantes, que pretende contribuir al desarrollo institucional de las entidades participantes (municipalidades y el banco), así como brindar a las poblaciones residentes en los municipios elegibles, preferentemente a las de menores ingresos, los servicios mínimos indispensables mediante la ejecución de proyectos de construcción de obras de infraestructura.

Para la consecución de los objetivos antes señalados, se han definido tres componentes: un componente de infraestructura física del orden de L. 16 millones que se utilizará para el financiamiento de aproximadamente 30 proyectos entre acueductos, disposiciones de aguas servidas, vías urbanas, mercados públicos, electricidad y alumbrado público, rastros públicos y sistema de tren de aseo; otro componente para fortalecimiento institucional, recursos que se orientarán tanto a las municipalidades como al banco, y que alcanzan los L. 0.6 millones, mediante los cuales se financiarán aproximadamente 23 proyectos de asistencia técnica integral, 27 eventos de capacitación municipal, así como capacitación del personal del banco a través de entrenamientos y consultorías; y un tercer componente destinado a la preparación de proyectos que incluye, aunque no se limita a estudios de factibilidad técnica, financiera y económica y de diseño final.

Adicionalmente a lo anterior, el banco maneja una cartera de inversiones municipales financiada con sus propios recursos. El monto de inversión aprobada en 1988 fue del orden de L. 19,917.4 miles.

En general, la actividad crediticia reflejó el otorgamiento de 19 préstamos para diferentes proyectos, correspondiendo el 91.5% a la región noroccidental y el 8.5% restante a la región centro-sur oriental.

La actual administración del banco ha asignado una alta prioridad al saneamiento de la cartera de préstamos, mediante el establecimiento de una estrategia que contempla medidas tales como renegociación de la deuda con varias municipalidades, bajo condiciones que aseguren su complimiento y habiliten su condición de sujetos de crédito del banco, habiendo efectuado readecuaciones del orden de L. 2,412.6 miles.

En lo que respecta a acciones en el campo del fortalecimiento institucional de los municipios, los esfuerzos se orientan tanto a la capacitación municipal, como a la asistencia técnica. En tal sentido, el banco participa en el Programa de Mejoramiento Urbano y Vivienda, financiado con recursos de la Agencia para el Desarrollo Internacional a través del Ministerio de Hacienda, donde el banco brinda asesoría técnica a las municipalidades elegibles (grandes e intermedias) en aspectos que van desde la formulación y evaluación de proyectos, administración municipal, promoción social hasta la contratación, ejecución y operación de los proyectos.

Como resultado de dicha cooperación, las municipalidades de La Ceiba y Tela en Atlántida, Comayagua y Siguatepeque en Comayagua han presentado 9 estudios de elegibilidad para obtener financiamiento para la ejecución de proyectos de disposición de aguas servidas y alcantarillado pluvial en barrios pertenecientes a dichas comunidades por un monto total de L. 10 millones. Asimismo, están pendientes de aprobación tres estudios pertenecientes a la ciudad de Choluteca, del orden de L. 3.7 millones. La asistencia técnica ofrecida equivale a 5,772 horas hombre.

Otro programa de importancia lo constituye el de preparación de proyectos en cooperación con el Fondo Hondureño de Inversión, quien habilita de recursos no reembolsables para la preparación de estudios de proyectos de acueductos y disposición de aguas servidas, para tal fin banco formuló y presentó 10 solicitudes de asistencia financiera que implicó la elaboración de 12 estudios de prefactibilidad técnica y económica. El valor solicitado asciende a L. 528.5 miles y permitirá efectuar inversiones del orden de L. 8,555.7 miles en comunidades tales como La Masica, Atlántida; Tocoa y Trujillo en Colón; La Libertad, Comayagua; San Antonio de Cortés, Cortés; Jesús de Otoro, Intibucá; Santa Bárbara, Santa Bárbara; y Olanchito y Santa Rita, en Yoro. La asistencia técnica brindada implicó 5,400 horas hombre.

Asimismo, el banco brindó, como parte del programa permanente de fortalecimiento institucional, asistencia en materia de catastro fiscal, presupuesto, legislación municipal, cobranza, administración municipal en las comunidades de La Libertad, Taulabé y Comayagua en Comayagua; Yuscarán y Jacaleapa en El Paraíso; Juticalpa y Catacamas, Olancho; San Lorenzo, Valle; Naranjito, Las Vegas, Trinidad y Santa Bárbara en Santa Bárbara; El Progreso, Yoro; y Gracias en Lempira, equivalente a 2,167 horas hombre de asistencia.

Anteriormente se indicó que, mediante el Programa de Generación de Empleo, se obtuvieron recursos importantes para varias municipalidades, lo que implicó 1,840 horas hombre de asistencia técnica.

En total, la asistencia técnica municipal brindada equivale a 15,179 horas hombre, ejecutada en 40 municipalidades del país.

FORTALECIMIENTO INSTITUCIONAL

Con el objeto de mejorar la eficiencia operativa de los recursos humanos de la institución, se desarrollaron una serie de actividades orientadas a la capacitación del personal en diferentes aspectos propios de la temática bancaria y municipal.

Este adiestramiento se llevó a cabo dentro y fuera del país, a través de cursos y seminarios-taller, habiéndose participado en 25 eventos con un total de 2,312 horas hombre entrenamiento.

Las áreas de capacitación fueron variables, ya que se participó en eventos sobre planificación, gerencia y evaluación de proyectos, administración de servicios municipales, análisis financiero, contabilidad, computación y otros.

PRESTAMOS OTORGADOS SEGÚN DESTINO
1988
(Valor en miles de lempiras)

CONCEPTO	No. PRÉSTAMOS	VALOR	%
Acueductos	2	96	0.5
Pavimentación de Calles	2	2,883	14.2
Palacio Municipal	1	80	0.4
Rastro Público	1	5	-0-
Tren de Aseo	1	71.4	0.4
Varias Obras Municipales 1/	4	4,162	20.9
Aguinaldos	1	3	-0-
Asistencia Técnica	1	3.3	-0-
Avales	2	12,030.5	60.4
Líneas de Crédito	4	633.2	3.2
TOTAL	19	19,917.4	100

1/ Construcción de centros comunales, puentes, parques y vías.
FUENTE1: Resoluciones Junta Directiva

CRÉDITO OTORGADO POR DEPARTAMENTOS
1988
(Valor en miles de lempiras)

DEPARTAMENTO	No. PRÉSTAMOS	VALOR	%
Cortés	6	15,518.4	77.9
Francisco Morazán	2	8.6	-0-
Yoro	3	662.5	3.3
Colón	1	1,300	6.6
Roatán	1	728.1	3.7
Choluteca	1	100	0.5
Comayagua	2	54.3	0.3
Olancho	1	7.5	-0-
Valle	1	1,533	7.7
El Paraíso	1	5	-0-
TOTAL	19	19,917.4	100%

FUENTE: Resoluciones de Junta Directiva

**REFINANCIAMIENTOS, AMPLIACIONES O RECAUDACIONES
APROBADAS SEGÚN DESTINO
1988
(Valor en miles de lempiras)**

DESTINO	MONTO	%
Acueductos	1,392.4	58
Disposición de Aguas Servidas	83.8	3
Mercado Público	888.5	37
Palacio Municipal	47.9	2
TOTAL	2,412.6	

FUENTE: *Resolución de Junta Directiva*

**REFINANCIAMIENTOS, AMPLIACIONES O RECAUDACIONES
APROBADAS SEGÚN DEPARTAMENTO
1988
(Valor en miles de lempiras)**

DEPARTAMENTO	NÚMERO	MONTO	%
Atlántida	1	280.5	12
Copán	2	361.4	15
Cortés	2	911.1	38
El Paraíso	1	47.9	2
Olancho	1	143.7	6
Santa Bárbara	1	83.8	3
Yoro	1	584.2	24
TOTAL	9	2,412.6	100

FUENTE: *Resolución de Junta Directiva*

**ASISTENCIA TÉCNICA BRINDADA SEGÚN PROGRAMA
1988
(Horas Hombre Asistencia)**

NOMBRE PROGRAMA	CUANTÍA
- Mejoramiento Urbano y Vivienda	5,772
- Fondo Hondureño de Preinversión	5,400
- Programa Permanente de Fortalecimiento Institucional	2,167
- Programa de Generación de Empleo	1,840
TOTAL	15,179

FUENTE: *Responsables de la coordinación de cada programa*

PROYECTO EN EJECUCIÓN, POR EJECUTARSE, FINALIZADOS DURANTE EL AÑO DE 1988 BANMA
(En miles de lempiras)

	NÚMERO	MONTO APROBADO
Por ejecutarse	**11**	**3,807.4**
Cortés, Pimienta	1	13.5
Yoro, Morazán	1	82.5
Atlántida, Tela	1	280.5
Atlántida, La Ceiba	1	457.1
Colón, Tocoa	1	1,300
El Paraíso, Morocelí	1	5
Cortés, Villanueva	1	71.4
Francisco Morazán, Reitoca	1	5.3
Islas de la Bahía, Roatán	1	728.1
Cortés, San Pedro Sula	1	864
En ejecución	**11**	**11,386.6**
Yoro, Jocón	1	80
Francisco Morazán, Distrito Central	4	4,683
Yoro, El Progreso	1	45
Cortés, San Pedro Sula	3	5,036
Lempira, Gracias	1	6.9
Santa Bárbara, Naranjito	1	2.7
Valle, San Lorenzo	1	1,533
Finalizados	**19**	**13,338.5**
Cortés, Villanueva	2	123
Cortés, Pimienta (Aldea Santiago)	1	15
Santa Bárbara, Quimistán	1	83.8
Francisco Morazán, Talanga	1	3.3
Cortés, Pimienta	1	3
Cortés, San Pedro Sula	2	12,030.5
Choluteca, Choluteca	1	100
Olancho, Salamá	1	7.5
Yoro, El Progreso	3	534.9
Comayagua, Comayagua	1	25.7
Francisco Morazán, Distrito Central	2	370
Comayagua, Meámbar	1	28.6
Comayagua, San José del Potrero	1	1.7
Francisco Morazán, San Juan de Flores	1	11.5
TOTAL	**42**	**28,532.5**

FUENTE: División de Créditos

— Por ejecutarse (proyectos que fueron aprobados este año y que iniciarán el próximo año).

— En ejecución (proyectos que se iniciaron en años anteriores o este año, que no serán finalizados el presente año).

— Finalizados (proyectos que fueron aprobados en años anteriores o este año y que concluirán en el presente año).

El sistema diseñado para la disposición de las aguas servidas de El Progreso, Yoro, contribuirá al saneamiento, permitiendo que sitios como el mercado público funcionen en forma más higiénica.

La Esperanza en Villanueva, Cortés, cuenta ya con el sistema de energía eléctrica.

Trabajo de construcción de carpeta asfáltica en el Bulevar Suyapa, Tegucigalpa.

CORPORACIÓN HONDUREÑA DE DESARROLLO FORESTAL

I.- MANEJO FORESTAL

— Protección contra incendios forestales en una superficie boscosa de pino de 1.8 millones de hectáreas a nivel nacional; habiéndose controlado 1,675 incendios, los cuales afectaron 53,285 has. Como medidas preventivas a la ocurrencia de incendios, en las diferentes regiones forestales se realizaron 18,500 has. de quemas controladas y se construyeron 400 km. de rondas cortafuegos, en aquellas zonas consideradas como de protección intensiva.

— La industria forestal primaria (aserraderos) aprovechó 912,379 m^3 de madera de pino y de color, mediante la celebración de 242 contratos de aprovechamientos, habiéndose percibido un ingreso de 11.4 millones de lempiras. De la venta de madera en terrenos privados y ejidales, se devolvieron a sus propietarios la cantidad de Lps. 370,994.

— Se controlaron 686 brotes de plagas forestales que aparecieron en las regiones forestarles de Yoro, Francisco Morazán, Olancho Noroccidental y El Paraíso, afectando 3,173 hectáreas.

— Con el fin de hacer partícipe directamente a la población campesina en las labores de protección, manejo y aprovechamiento del bosque, para su integración al desarrollo económico, se implementaron 43 áreas de manejo integrado, involucrando 32,865 campesinos con una cobertura de 130,000 has. distribuidas en puntos estratégicos a nivel nacional.

— En actividades de protección forestal, saneamiento del bosque, construcción de rondas cortafuegos y construcción de caminos, se ha contado con la participación de 13,000 hombres, los que fueron beneficiarios del Programa Mundial de Alimentos, habiéndose distribuido 3,200 toneladas métricas de estos.

II.- PRODUCCIÓN DE MADERA

Se asistió técnicamente a la industria forestal en clasificación y manejo de 58,536,100 pies tablares de madera aserrada, que se destinaron a la exportación de una producción total de 180,2000,000 pies tablares. El volumen restante de la producción total sirvió para satisfacer la demanda nacional de madera aserrada.

III.- COMERCIALIZACIÓN

La comercialización de productos forestales en 1988 tuvo el comportamiento siguiente:

— En madera aserrada se logró una exportación hacia mercados de Estados Unidos, Japón, Europa y América Latina de 58,536,100 pies tablares de diferentes calidades, produciendo un ingreso de divisas al país de L. 45,489,929.

— A través de Corfino, se exportaron 15,000,000 de p.t., representando un ingreso de L. 13,068,000.

— Como productos secundarios o productos elaborados a base de madera se tuvo una exportación de 40,000,000 de p.t. con un ingreso de L. 42,000,000. La sumatoria de los tres rubros anteriores totaliza un volumen de exportación de 113.5 millones de pies tablares con un valor de L. 100.5 millones.

— Además de los productos de la madera como derivado del bosque que tiene importancia, es la exportación de semillas forestales procesadas, habiéndose colocado en el exterior un total de 1,364 kg. De especies coníferas y latifoliadas, por un valor de L. 549,535.

— A la industria forestal nacional se le vendió preservante de madera (permatox) por un monto de 25,120 libras y con un valor de L. 62,800, además se vendieron repuestos de sierras por un valor de L. 25,905.

IV.- ESCUELA NACIONAL DE CIENCIAS FORESTALES

La Escuela Nacional de Ciencias Forestales graduó 22 técnicos forestales con el título de Dasónomos dentro del plan de educación formal; en materia de capacitación se impartieron 44 cursos y seminarios, dirigidos a técnicos, obreros y campesinos forestales, con una duración total de 324 días.

Se continuó con el desarrollo de 5 proyectos de investigación forestal aplicada, los que tienen como objetivo mejorar la calidad de los bosques de Honduras, así como lograr un aprovechamiento integral de los productos derivados del mismo.

V.- ASPECTOS FINANCIEROS

El presupuesto aprobado para el año fiscal de 1988 fue de 90.5 millones de lempiras; los ingresos percibidos a octubre de 1988 ascienden a 60.3 millones de lempira, o sea el 67 por ciento en relación a lo presupuestado. Además de la comercialización de los productos derivados del bosque se obtuvieron ingresos por los siguientes conceptos:

— Recuperación de la cartera de préstamos: 228.4 miles de lempiras.

— Ingresos por subasta de activos deteriorados de la corporación: 123,800 Lps.

— Recuperación de bienes para su privatización: 4.2 millones de lempiras.

La deuda pública se redujo en Lps. 228,400.

VI.- PRIVATIZACIÓN DE EMPRESAS

Se ha continuado con el proceso de privatización, en cumplimiento del Reglamento al Decreto 161-85 y el apoyo de la AID, a través del grupo técnico de trabajo se han desarrollado las siguientes actividades:

1) Empresa Central de Aserrío Siguatepeque, S. A. (CASISA)

— Se finalizó y presentó a la Comisión de Dictamen de Avalúo el correspondiente avalúo técnico financiero.

— Con la aprobación de la Comisión de Dictamen, se procedió a efectuar pública subasta de los bienes que fueron propiedad de CASISA, acto celebrado el 9 de noviembre de 1988, habiéndose vendido 4 de los 32 rubros o lotes ofrecidos, por un valor total de Lps. 283,403.25.

A la fecha se están preparando las bases para una segunda subasta a ser realizada en enero de 1989. Quedando pendiente de exportación los lotes que no se pueden vender en el país.

2) Empresa Maderera LOCOMAPA, S. de R.L de C.V.

— Se terminó de sanear financiera y legalmente.

— Se preparó y presentó a la Comisión de Dictamen de Avalúo, el correspondiente avalúo técnico financiero, esperándose la aprobación de la comisión para proceder a realizar la venta de sus activos a través de subasta pública, de acuerdo a lo establecido en el Decreto 161-85.

3) Forestal Industrial Agua Fría, S.A. (FIAFSA)

El Consejo Directivo de Cohdefor designó una comisión de valoración de las inversiones efectuadas por la empresa YODECO, para resolver el contrato de venta con esa empresa y enmarcar su privatización dentro de los lineamientos del Decreto 161-85, esperándose que la comisión nombrada emita el dictamen respectivo para proseguir con las instancias siguientes.

4) Servicios Madereros, S.A. de C.V. (SEMSA)

Durante el año se ha continuado con labores de liquidación y saneamiento legal financiero, obteniéndose la aprobación del consejo directivo para su privatización.

VII.- COOPERACIÓN INTERNACIONAL Y NACIONAL

— Producto de la mesa redonda "La Participación Internacional en el Desarrollo Forestal de Honduras", en el marco de la cooperación internacional se dio inicio a varios proyectos. El proyecto Desarrollo Forestal AID/Cohdefor inició sus actividades en 1988 con una aportación externa de L. 750,000, este tendrá una duración de 7 años y la inversión total será de 64 millones de lempiras, 40 millones con aporte del AID y 24 millones por el Gobierno de Honduras, de los 40 millones del AID, 16 son donación y 24 en carácter de préstamo, además se comenzó el proyecto Restauración del Bosque Latifoliado de La Mosquitia Hondureña, con una aportación externa anual de Lps. 285,000 de la Comunidad Económica Europea.

— Se continuó con la ejecución de los proyectos de desarrollo forestal que estaban en ejecución con anterioridad como son: Capacitación en Forestería e Industria de la Madera; Mejoramiento Genético Forestal; Desarrollo del Bosque Latifoliado; Cultivo de Árboles de Uso Múltiple; Asistencia Técnica en el Manejo de Bosque Latifoliado; Apoyo Institucional para el Mejoramiento de la Actividad Forestal. Estos proyectos han sido financiados por gobiernos amigos como el de Alemania, Inglaterra, Canadá, etcétera, con un monto total de Lps. 85,262,900, como aportación externa y Lps. 36,127,500 como aporte nacional.

— Se desarrolló una mesa redonda sobre la participación internacional en el desarrollo forestal de Honduras, habiéndose tenido la presencia de representantes de diversas agencias de los países con los cuales Honduras tiene relaciones. Producto de esto en la actualidad hay varios proyectos que está avanzada su negociación. Apoyo al Sistema Social Forestal, con el Gobierno de Holanda; Desarrollo de Pequeños Proyectos Forestales, financiado por CARE; Fortalecimiento Institucional, apoyada por la FAO; y se ha avanzado en las negociaciones con los japoneses.

— Se celebraron y ejecutaron convenios interinstitucionales con las Fuerzas Armadas, Ministerio de Educación, el SANAA, la ENEE, y Ministerio de Recursos Naturales, con el fin de aunar esfuerzos en la conservación de los recursos forestales del país.

VIII.- IMPLEMENTACIÓN DE POLÍTICAS

La Corporación Hondureña de Desarrollo Forestal, preocupada por la acelerada reducción de la superficie boscosa del país y del mal uso que se hace del recurso, ha incorporado, dentro de sus actividades, el sistema de áreas tributarias o de abastecimiento, un proceso de reordenamiento, tanto de la industria como del recurso existente. Se pretende con esta política asegurar la conservación y aprovechamiento racional sostenido, así como la renovación y mejoramiento del bosque.

El proceso básicamente consiste en la asignación de recursos forestales a las industrias primarias de la madera, que han demostrado mayor eficiencia, tanto en el aprovechamiento del bosque como en el proceso industrial y administrativo, estas industrias tienen la obligación de elaborar un inventario y un plan de manejo. En estas tareas la Cohdefor participa activamente de manera integral, correspondiéndole a la corporación la dirección y monitoreo de los planes de manejo de las áreas tributarias.
El actual sistema ha generado empleo para 62 técnicos forestales; hasta este momento existen 43 áreas tributarias distribuidas entre 43 aserraderos.

Paralelamente a este proceso, se ha incorporado el sistema de venta de madera en pie, que consiste en una estimación del volumen en pie y su valoración para su posterior venta, lo que obligará a la industria el aprovechamiento eficiente del recurso. Podría estimarse una utilización de un 80 por ciento del árbol cortado a diferencia que, bajo el sistema anterior, por ser altamente selectivo, únicamente se lograba una utilización del 50 por ciento del árbol.

Es importante destacar que esta política contempla el cambio de sierras circulares a sierras de banda, lo que reduce el desperdicio de un 48 por ciento a un 38 por ciento aproximadamente. Siempre en combinación con lo anterior se ha reducido la capacidad instalada de las industrias, a fin de adecuarla al recurso existente.

PRODUCCIÓN DE MADERA ASERRADA MILLONES DE P.T. 1987-1988			
MESES	1987	1988	CAMBIO %
Enero	15.4	14.8	- 3.9
Febrero	17.2	17.8	+ 3.5
Marzo	17.5	18.3	+ 4.6
Abril	16.5	16.5	0
Mayo	17.9	17.2	- 3.9
Junio	16.0	13.9	- 13.1
Julio	13.3	15.5	+ 16.5
Agosto	13.5	14.3	+ 5.9
Septiembre	14.2	12.2	- 14
Octubre	17.2	10.1	- 41.3
Noviembre	17.3	15.3*	- 11.6
Diciembre	15.9	14.3*	- 10.1
TOTALES	191.9	180.2	- 6.1

CORFINO produjo en 1987: 21.6 M.P.T.

1988: 20.3 M.P.T.

Producción estimada

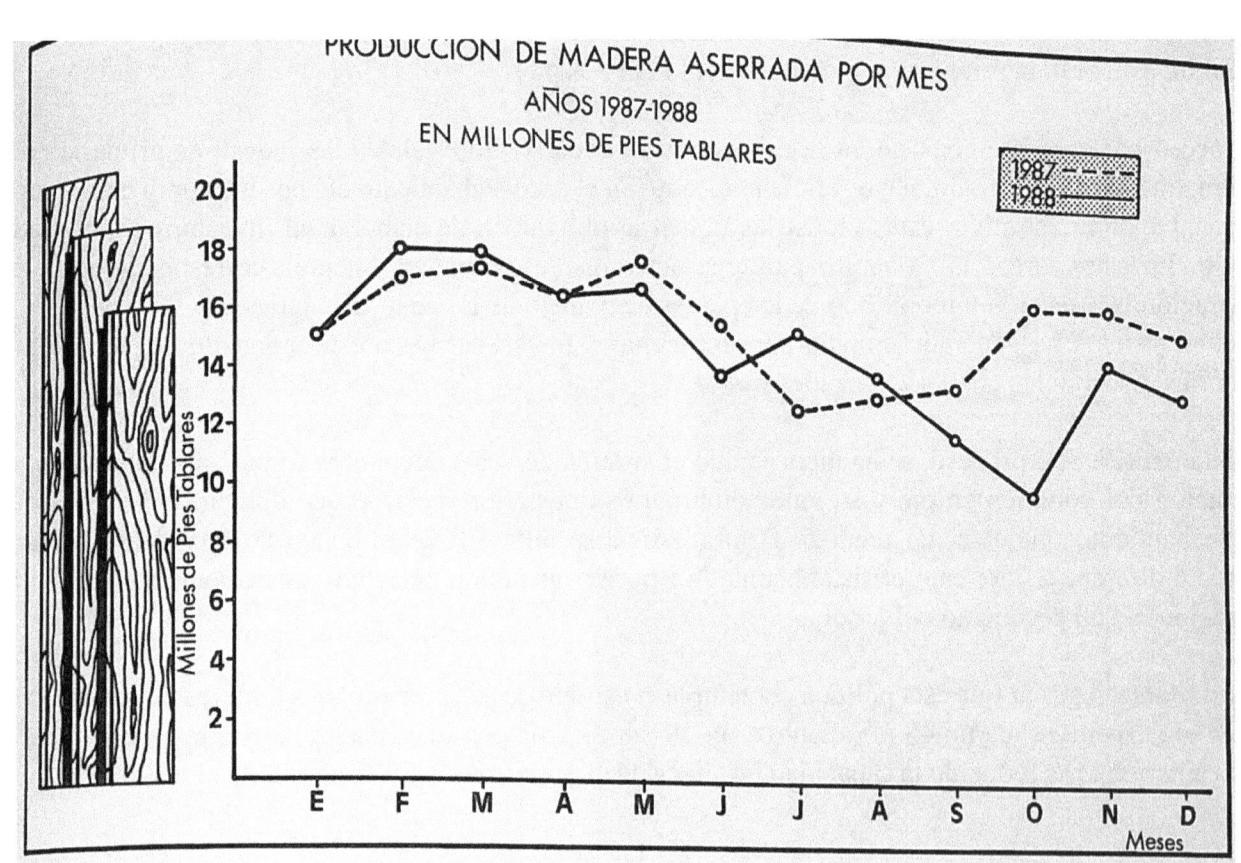

En la región forestal de Copán, la COHDEFOR trabaja activamente en el mantenimiento de viveros forestales en la Unidad de Manejo Santa Rosa.

Vivero en la unidad de manejo Durzuna, en la región forestal de La Mosquitia.

Abajo: Campesinos trabajan en la construcción de la sede del AMI "San Julián" en la región forestal de El Paraíso.

La COHDEFOR incorporó a familias campesinas a las actividades de aprovechamiento forestal, utilizando el sistema de tecnología apropiada.

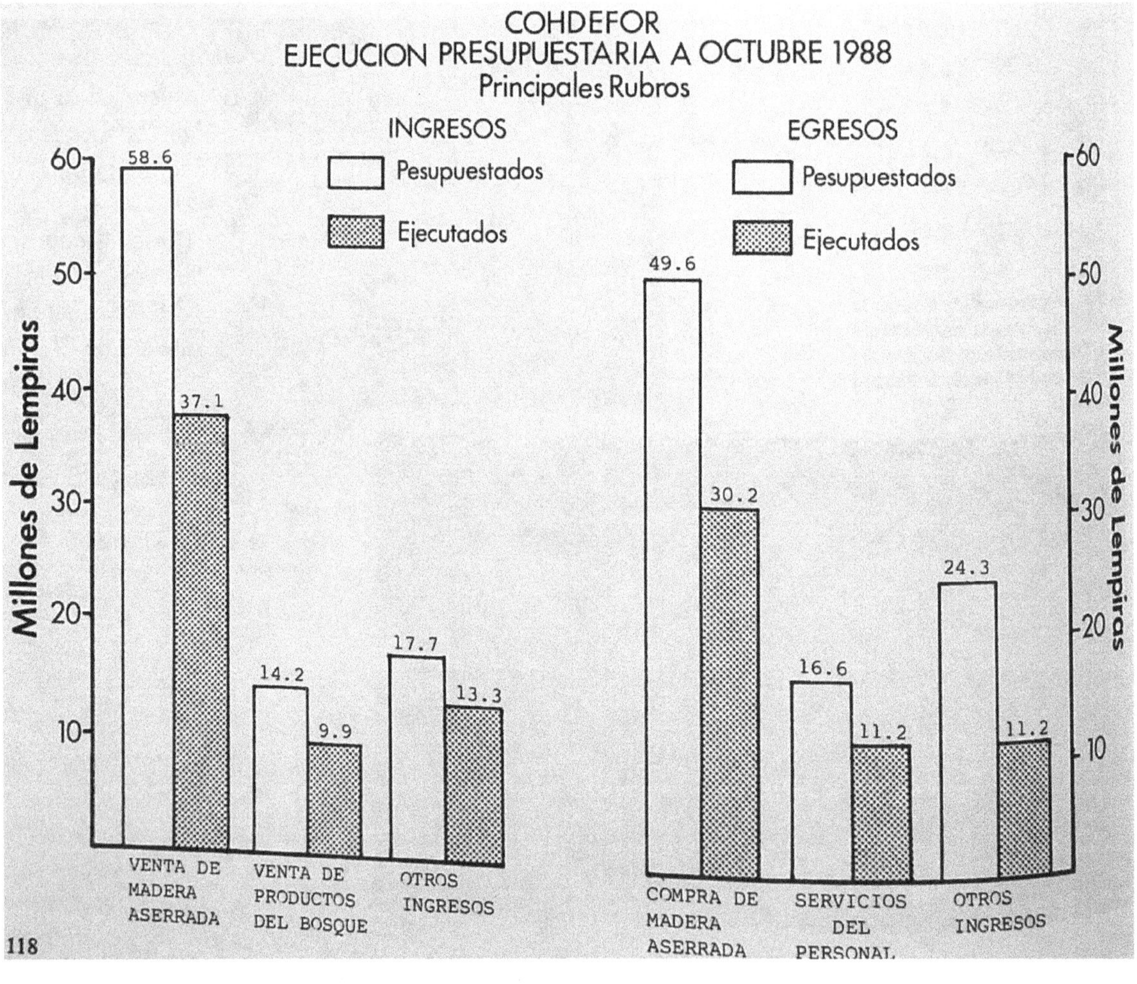

COHDEFOR
EJECUCION PRESUPUESTARIA A OCTUBRE 1988
Principales Rubros

INGRESOS

☐ Pesupuestados
▨ Ejecutados

EGRESOS

☐ Pesupuestados
▨ Ejecutados

Millones de Lempiras

	VENTA DE MADERA ASERRADA	VENTA DE PRODUCTOS DEL BOSQUE	OTROS INGRESOS
Pesupuestados	58.6	14.2	17.7
Ejecutados	37.1	9.9	13.3

	COMPRA DE MADERA ASERRADA	SERVICIOS DEL PERSONAL	OTROS INGRESOS
Pesupuestados	49.6	16.6	24.3
Ejecutados	30.2	11.2	11.2

118

158

INSTITUTO HONDUREÑO DEL CAFÉ

El Instituto Hondureño del Café desarrolló en el último año cafetalero 1987/1988, las siguientes actividades:

Los registros de compras de café ascendieron a 1,922,732.52 sacos de 46 kilos, y las exportaciones a 1,596,725.27 sacos, generando L. 382,410,683.20 en divisas y una recaudación de impuesto de exportación de L. 20,287,333.22. A nivel interno se consumieron 122,122.50 sacos.

En la División Agrícola se atendieron a 20,829 cafetaleros, con un área de 71,407 manzanas cultivadas de café, en 14 departamentos. Asimismo, se produjeron y distribuyeron 19,107 libras de semilla seleccionada y mejorada de las variedades Caturra, Catuaí, Pacas y Villa Sarchí.

Durante este periodo se construyeron 1,338 viveros, con un total de 15.7 millones de plántulas de café. Se fertilizaron 17,287 hectáreas de café, utilizando para ello 138,970 quintales de fertilizantes.

En el componente de capacitación, se ofrecieron un total de 2,859 cursos, charlas y demostraciones orientados a que el caficultor pueda realizar un efectivo control integral de las diferentes plagas y enfermedades que atacan al cafeto, especialmente la broca y la roya.

En el área de investigación, se implantaron un total de 201 ensayos o estudios en los campos de Agronomía, Beneficiado, Entomología, Fitopatología, Fitomejoramiento, Suelos y Resistencia en la Roya del Café. Todos estos estudios tienen como propósito desarrollar, adoptar y evaluar tecnología agrícola ajustada a las condiciones ecológicas y sociales del área y a los recursos del caficultor.

Con el objeto de que el caficultor pueda diversificar su producción agrícola, el IHCAFE está realizando una promoción de nuevos cultivos, tales como el cardamomo, cacao, pimienta gorda, macadamia y otros. En este periodo se brindó asistencia técnica aproximadamente a 643 productores con un área de 1,949 hectáreas, dedicados principalmente a los cultivos de cardamomo y cacao.

La mayor actividad de tipo crediticio que el IHCAFE realiza, proviene de los fondos del Programa de Mejoramiento al Pequeño Caficultor, y sus actividades de mayor relevancia a continuación se describen:

En el Modelo I, que es una renovación drástica del cafetal, se aprobó un monto de 3,621 miles de lempiras, que representa 7.8% del total aprobado en la vida del proyecto, que es de 45,975 miles de lempiras. El monto desembolsado de enero a septiembre de 1988 asciende a 212 miles de lempiras, y el total desembolsado en la vida del proyecto es de 34,296 miles de lempiras. El área renovada de enero a septiembre suma 1,132 manzanas, y el número de préstamos formalizados es de 956.

En el Modelo II o renovación parcial del cafetal, en lo que va del año, no existen movimientos, por lo que se deduce que el modelo I es el de mayor aceptación, esto es así porque el caficultor está abandonando el sistema tradicional.

A los caficultores beneficiarios de este proyecto, se comenzó a brindarles asistencia técnica y crediticia, en el sentido de mejorar la calidad del grano del café a través de un mejor beneficiado, y así permitirle un mejor precio por la venta del café.

La construcción y mantenimiento de caminos de acceso a zonas cafetaleras, es una de las actividades donde el IHCAFE, a través de la División de Ingeniería, concentra gran cantidad de sus esfuerzos, contribuyendo con el sector productor a reducir directamente los costos de producción, así como los costos de transporte del café.

En este periodo se han atendido en 12 de los 14 departamentos cafetaleros, un total de 64 proyectos con una longitud aproximada de 317.9 kilómetros, a un costo de L. 781,482.19. Estos proyectos han sido financiados por los caficultores con una contribución directa del 20% del valor total de la obra, y el 80% restante algunas veces lo aporta en su totalidad el IHCAFE.

El IHCAFE funcionó con un presupuesto de 42,267.4 millones de lempiras, que incluye fondos generados de actividades principales, como son: permisos de exportación, ventas de café, fondos intercambio de calidades, recuperación de cuentas por cobrar, transferencias de capital y otros.

De este presupuesto se ejecutó 19,689.6 miles de lempiras en inversión y gastos corrientes, más 17,334 miles de lempiras para la compra de café, y 3,593 miles de lempiras en concepto de pago de intereses por deudas contraídas en periodos anteriores.

Los gastos de capital de la institución fueron 5,234.8 miles de lempiras, que incluyen 2,707.4 miles de lempiras de amortización de la deuda interna y externa.

En 1988, el IHCAFE fue evaluado por un equipo de consultores, y se concluyó que esta es una institución muy eficiente y eficaz al servicio del sector cafetalero, que es una institución sólida financieramente y autofinanciable. De igual manera, la evaluación recomienda que se efectúe una reorientación de los servicios que el IHCAFE ofrece a los caficultores, específicamente en un desarrollo integral de las zonas cafetaleras en dirección del manejo de las cuencas hidrográficas, y sobre todo en los aspectos de manejo familiar del caficultor, incluyendo salud, vivienda, educación y otros.

Otro aspecto importante es que, por vez primera, el IHCAFE ha sido objeto de una auditoría externa, la cual refleja la situación financiera de esta institución.

También reviste trascendental importancia la elaboración de un documento que regirá todo lo que a política cafetalera del país se refiere.

DIVISIÓN AGRÍCOLA

I.- EXTENSIÓN CAFETALERA *

ACTIVIDAD

Productores atendidos   (No.)   20,829

Área con café atendida	(Ha.)	49,985
Semilla de café distribuida	(Lbs.)	19,107
Fertilización	(Ha.)	17,287
Fertilizante aplicado	(qq.)	138,970
Realización de cursos, charlas, demostraciones.	(No.)	2,859

II.- INVESTIGACIÓN CAFETALERA *

ACTIVIDAD

Estudios experimentales en:

Agronomía	(No.)	38
Beneficiado	(Ha.)	20
Entomología	(Lbs.)	19
Fitopatología	(Ha.)	34
Fitomejoramiento	(qq.)	61
Suelos	(No.)	23
Resistencia Roya del Café	(No.)	6
TOTAL ENSAYOS	(No.)	201

Cifras al 30 de septiembre de 1988.

III.- DIVERSIFICACIÓN AGRÍCOLA *

Actividad	Cacao	Cardamomo	Total
Productores atendidos (No.)	108	535	643
Área atendida (Ha.)	101	1,848	1,949
Semilla distribuida (Unid.)	45,000	-0-	45,000

IV.- PROGRAMA DE MEJORAMIENTO DEL PEQUEÑO CAFICULTOR *

ACTIVIDAD	EN 1988	TOTAL PROYECTO
Número de beneficiarios	956	9,340
Área financiada (Mzs.)	1,132	11,614

Valor aprobado para renovación (miles de Lps.)	3,621	45,975
Valor desembolsado para renovación (miles de Lps.)	212	34,296

* Cifras al 30 de septiembre de 1988.

DIVISIÓN DE COMERCIALIZACIÓN

Datos del año cafetalero 1987/1988, del 1º. de octubre al 30 de septiembre de 1988.

ACTIVIDAD	
PRODUCCIÓN NACIONAL (Sacos 46 kilos) (COMPRAS REGISTRADAS)	1,922,732.52
8% CONSUMO INTERNO ADQUIRIDO POR IHCAFE (Sacos 46 kilos)	122,122.5
EXPORTACIONES (Sacos 46 kilos)	1,596,725.27
DIVISAS (Lps.)	382,410,683.20
IMPUESTO DE EXPORTACIÓN (Lps.)	20,287,333.22

DIVISIÓN DE INGENIERÍA *

ACTIVIDAD	
Número de proyectos **	64
Longitud (Km)	317.9
Costo (Lps.)	781,482.19

* Cifras al 30 de septiembre de 1988.

** En algunos proyectos se ha contribuido proporcionando combustible

INSTITUTO HONDUREÑO DE MERCADEO AGRÍCOLA

Al finalizar su tercer año de labores, el Instituto Hondureño de Mercadeo Agrícola (IHMA), presenta un informe resumido de las principales actividades realizadas durante el año 1988.

Siendo estas las siguientes:

Comercialización

El IHMAA, a través de las programaciones de compras y ventas de granos en sus plantas terminales y graneros rurales, diseminados en el territorio nacional durante el presente año registró el siguiente movimiento.

PRODUCTO	COMPRAS QUINTALES	COMPRAS LEMPIRAS	VENTAS QUINTALES	VENTAS LEMPIRAS
MAÍZ	973,888.87	14,641,703.94	1,068,416.13	20,111,485.84
FRIJOL	143,726.73	7,426,880.15	163,562.61	9,422,421.23
ARROZ	605.79	14,824.45	3,860.93	189,008.4
SORGO	818.94	11,628.94	6,299.28	109,070.58
HARINA DE SOYA	132,337.18	4,534,977.89	104,659.07	3,578,027.63
SUBTOTAL	1,251,377.51	26,630,015.37	1,346,798.02	33,410,013.68
SUBPRODUCTOS	-	-	1,897.35	22,307.68
TOTAL	1,251,377.51	26,630,015.37	1,348,695.37	33,432,321.07

NOTA: Cifras al 30 de noviembre de 1988.

El programa de compras a nivel nacional presenta una baja ejecución, como consecuencia d fenómenos naturales adversos en el ciclo 1987/1988, que no permitió captar los volúmenes previstos, fundamentalmente en maíz y frijol, por lo cual la institución se vio precisada a tomar medidas alternas de emergencia para garantizar un abastecimiento normal al consumidor nacional.

En este sentido, se procedió a importar directamente 34,695.5 t.m. de maíz con procedencia de los Estados Unidos y 6,519.5 t.m. de frijol, también de los Estados Unidos y Chile, que fueron comercializados a través de los centros de BANASUPRO, mercados locales, ferias del agricultor y municipalidades, permitiendo con ello mantener los precios de estos productos al alcance de la economía familiar, contrarrestando de esta manera el acaparamiento de la poca producción nacional que se había generado y que, aún cuando permitió un ingreso mayor al productor nacional, acarrearía un mayor perjuicio al consumidor final de estos productos.

Continuando con la política de contribuir al fomento y desarrollo de la pequeña y mediana industria y con el propósito de coadyuvar esfuerzos por regular los precios de los productos y subproductos derivados de la Soya, se procedió a importar 2,895.3 t.m. de harina de Soya, la cual está siendo comercializada con buen suceso.

El Instituto Hondureño de Mercadeo Agrícola, como ente especializado en la comercialización de productos agrícolas, realizó los trámites necesarios para concretar la importación de 93,060 t.m. de trigo bajo el amparo de la Ley Pública 480 del Gobierno de los Estados Unidos de América, y que, al ser comercializado, representó ingresos al Gobierno Central por el orden de 24 millones de lempiras.

El programa de ventas presenta una ejecución altamente satisfactoria y bajo condiciones que permitieron al instituto captar los recursos necesarios para honrar los compromisos financieros adquiridos y financiar en gran parte el programa de compras del ciclo 1988-1989.

Como ha sido tradicional en los últimos años, pueblos y gobiernos, así como organismos internacionales amigos, realizan donaciones de cereales a nuestro país para el financiamiento de proyectos de desarrollo, es por ello que, en el presente año, se recibieron 6,977.4, 2,445.7 y 2,004.2 t.m. de trigo de la Comunidad Económica Europea y los gobiernos de Francia y España respectivamente y que una vez comercializados produjeron ingresos al Gobierno Central por el orden de L. 4.1 millones.

Operación y Proyectos

Para 1988 el programa de inversiones físicas era mínimo, sin embargo se destacan proyectos de cooperación destinados a apoyar el esfuerzo institucional en materia de seguridad alimentaria y los sistemas de información de mercadeo que pueden resumirse así:

Continuación de la asistencia puntual que, dentro del Proyecto "Asistencia preparatoria para el fortalecimiento del sistema alimentario nutricional hondureño" (HON/86/006) el PNUD-FAO brinda al IHMA con el propósito de reactivar los centros rurales de almacenamiento construidos con el apoyo financiero de la Comunidad Económica Europea y que ha permitido recibir consultorías en materia de organización y gestión de empresas campesinas (6 meses), control de calidad de granos básicos (2 meses), manejo, almacenamiento y preservación de granos básicos (4 meses), análisis químico y toxicológico de granos básicos (2 meses), comercialización de granos básicos (3 meses).

Dentro de este contexto se logró la capacitación de aproximadamente 100 campesinos en aspectos técnicos y administrativos para el manejo de 25 centros de almacenamiento rural a incorporarse dentro de la experiencia piloto que, en materia de comercialización, se está llevando a cabo.

Dirección y Administración

Al momento de asumir las responsabilidades en la conducción del IHMA se trazó como política general reorganizar y reorientar su funcionamiento buscando superar las dificultades económico-financieras por las que atravesaba en ese momento la institución y que al finalizar el presente año han permitido:

1. Por segundo año consecutivo, desde su fundación, el Instituto Hondureño de Mercadeo Agrícola obtiene utilidades en sus operaciones por el orden de 0.5 millones, lo que constituye una de las mayores satisfacciones en materia administrativa-financiera.

2. Continuar con la reducción en los gastos administrativos y operacionales a fin de optimizar resultados al menor costo posible.

3. Manejo adecuado de los compromisos financieros, manteniendo en niveles aceptables el movimiento de la deuda al pasar de 21.7 millones en diciembre de 1987 a 21.2 en octubre de 1988, lo que refleja una tendencia que, si bien no es significativa en términos absolutos, relativamente si lo es ya que el IHMA, al no poder afrontar con sus propios recursos las programaciones de compras, necesariamente tiene que recurrir al apoyo crediticio para cumplir con sus funciones. Sin embargo, en los últimos años las operaciones realizadas por esta institución han permitido honrar satisfactoriamente los compromisos financieros adquiridos.

4. Una de las políticas fijadas por la actual Junta Directiva es la de procurar que el IHMA traspase al sector privado aquellas instalaciones y equipo cuyo manejo resulta oneroso par la institución y otros que han estado ociosos por largos periodos, por lo cual se procedió a realizar, mediante subasta pública, equipo de los graneros de Tela, Danlí, Juticalpa, Quimistán y La Entrada, así como las instalaciones y terreno de Puerto Cortés, lo que generó un ingreso adicional a la institución de aproximadamente L. 195,000.00.

Por otro lado, el IHMA mantiene instalaciones y equipo con capacidad para la prestación de servicios al sector público y privado, y en los últimos años se ha incrementado la demanda por secado, almacenamiento y procesado de granos y otros productos agrícolas.

Como resultado de ello, se han generado ingresos por conceptos distintos en la comercialización por el orden de L. 1.4 millones.

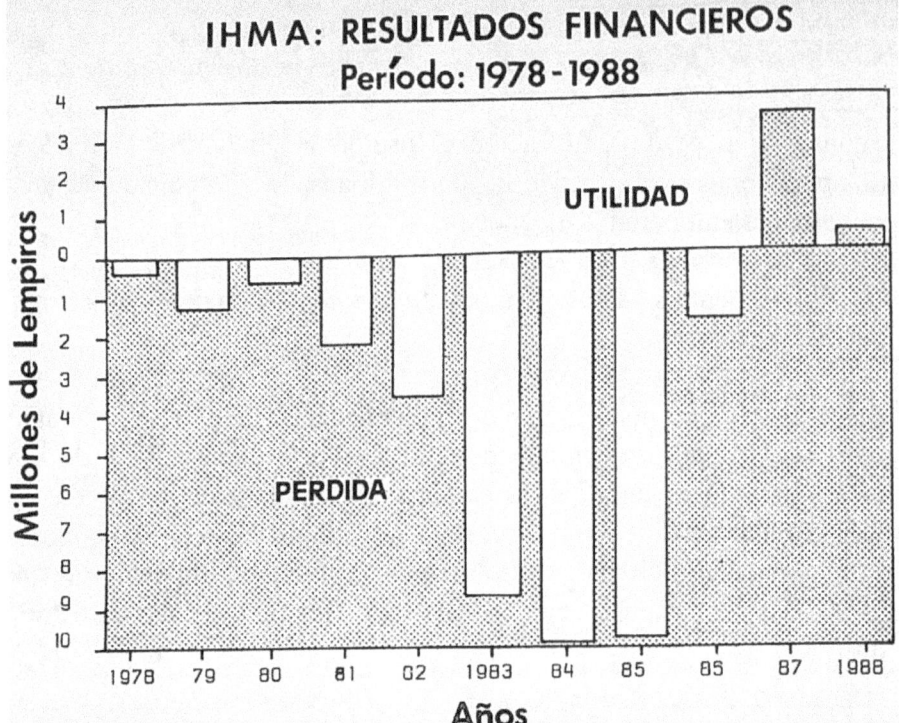

Bodega y grano listo para ser secado por campesinos beneficiarios del Proyecto de Reactivación Centros Rurales de Almacenamiento

Laboratorio Central de Control de Calidad

Distribución de granos en coordinación con la Municipalidad del Distrito Central y Junta Nacional de Bienestar Social.

JUNTA NACIONAL DE BIENESTAR SOCIAL

Las realizaciones más relevantes durante el presente ejercicio fueron las siguientes:

Nivel Superior

a) Mantenimiento y mejoramiento de los servicios ya existentes, mediante la dotación de equipo y materiales necesarios para su funcionamiento;

b) Reparación de edificios (Centro de Desarrollo Integral "Las Crucitas"; Atención al Menor Vendedor de la ciudad de San Pedro Sula; Sede Módulo 8 en San Pedro Sula; y ampliación de la Bodega del Almacén General también en la ciudad de San Pedro Sula). Su nivel de ejecución está en un 95%;

c) Actualmente se construye el edificio que albergará a los asistidos del "Hogar Temporal". (Nivel de ejecución 55%);

d) Con la cooperación del sector privado y público se han construido a bajo costo y, específicamente en las zonas marginadas de Tegucigalpa, parques infantiles: Colonia "30 de mayo"; "Los Laureles"; Colonia "14 de febrero"; Colonia "Flor No. 1" y Colonia "El Pedregal";

e) Se actualizó el Reglamento Interno de la Institución (se encuentra en etapa de dictamen para su aplicación);

f) Se prepararon reglamentos para compras y suministros; y viáticos y gastos de viaje (se encuentran en etapa de dictamen);

g) Se preparó el Manual de Funciones del personal;

h) Se obtuvo de países amigos (China Nacionalista) donación de juguetes para los asistidos y quinientas (500) sillas de rueda. Se encuentra en etapa de distribución;

i) Se gestionó colaboración con el Gobierno del Japón, consistente en seis (6) equipos dentales completos, valorados en $ 70,000 (setenta mil dólares). Se encuentran instalados: dos (2) en el Centro Humuya, Módulo de alta productividad y cuatro (4) en escuelas públicas de Tegucigalpa;

j) Se gestionó ante la Casa de Gobierno, la asignación de un (1) vehículo bus, tipo Hamer (se encuentra prestando utilidad);

k) La Agencia Internacional para el Desarrollo (AID), brindó su colaboración al Proyecto Materno/Infantil, entre otras cosas, con la transferencia de fondos par la compra de 71 (setenta y un) balanzas portables, para tomar peso a los asistidos;

l) Se obtuvo de parte de UNICEF, donación para la elaboración de material didáctico para uso en los centros especiales dependientes de la Dirección de prevención Social;

167

m) Se brindó apoyo logístico a los proyectos del Programa Mundial de Alimentos (PMA), que a nivel institucional actualmente se ejecutan;

n) Se ha gestionado colaboración a instituciones como las empresas de cemento "Piedras Azules"; "Cementos de Honduras"; "Embajada de la Soberana Orden Militar Hospitalaria de Malta en Honduras"; "Embajada Cristiana Internacional"; etc., obteniéndose respuesta positiva;

o) Se ha obtenido la colaboración de parte de Misión Médico Dental Bautista, en el sentido de dar tratamiento médico quirúrgico en centros hospitalarios de los Estados Unidos de Norteamérica;

p) Las agencias aéreas hondureñas han brindado su colaboración a través de donaciones de boletos aéreos al extranjero, que son requeridos por personas que necesitan tratamiento en los Estados Unidos de Norteamérica;

q) El Patronato Nacional de la Infancia (PANI), ha colaborado continuamente atendiendo las solicitudes de ayuda económica para asistidos, así como para otras personas que requiere de ayuda gubernamental; de igual forma se ha contado con la colaboración de otras instituciones del Estado, como: Ministerio de Comunicaciones, Obras Públicas y Transporte (SECOPT); Empresa Nacional de Energía Eléctrica (ENEE); Servicio Autónomo Nacional de Acueductos y Alcantarillados (SANAA); Instituto Nacional de Formación Profesional (INFOP), etc.;

r) Las Damas Diplomáticas han brindado su colaboración a la presidencia de la Junta Nacional de Bienestar Social, con diferentes presentes para beneficio de los asistidos;

s) Se participó conjuntamente en forma activa con el Comité Permanente de Emergencia Nacional (COPEN), en la atención a los damnificados de las inundaciones provocadas por el Huracán "Gilbert".

Prevención Social:

Se brindó atención a menores, a través de los diferentes centros, a:

— 7,630 (siete mil seiscientos treinta) menores, de 0-6 años (desarrollo integral);

— 36,498 (treinta y seis mil cuatrocientos noventa y ocho) menores, de 0-6 años (alimentación y nutrición);

— Se organizaron 480 (cuatrocientos ochenta) comunidades, para que, de manera consciente, utilice sus recursos en la solución de sus problemas;

— Se capacitó a nivel de campo en:
  — Capacitación artesanal y vocacional, mediante talleres de carpintería, sastrería, balconería, panadería y manualidades. Se capacitaron 4,000 (cuatro mil) participantes a nivel de centros y módulos;

— Capacitación comunitaria, en diferentes tópicos dirigidos a la puesta en marcha de proyectos. Se capacitó a 43,374 (cuarenta y tres mil trescientos setenta y cuatro) participantes;

— Se fomentó y capacitó al voluntariado que participa en los servicios de alimentación y nutrición y desarrollo integral, impartiendo 55,171 (cincuenta y cinco mil ciento setenta y uno) demostraciones;

Se generó mano de obra y medios de ingreso con apoyo alimentario mediante la ejecución de 1,366 (mil trescientos sesenta y seis) proyectos, arrojando 991,236 (novecientos noventa y un mil doscientos treinta y seis) días trabajados, participando 1,243 (mil doscientos cuarenta y tres) organizaciones, que incluyen 27,296 (veintisiete mil doscientos noventa y seis) hombres y 8,647 (ocho mil seiscientos cuarenta y siete) mujeres.

En los centros especiales, "Hogar Temporal"; "Humuya"; "Nuevos Horizontes"; CEDIN "Los Dolores"; "San Isidro" y "San José"; "Menor Vendedor" de Tegucigalpa y San Pedro Sula; y "Hogares de Cuidado Diurno"; se atendieron 1,232 (mil doscientos treinta y dos) menores (diario), proporcionándoles alojamiento, vestuario, atención médica odontológica, psicológica, social, pedagógica y orientación:

— Se atendió en actividades recreativas en el Centro de Recreación "La Isla", 40,400 (cuarenta mil cuatrocientas) personas, entre adultos y niños;

— En el Albergue Transitorio se atendió 1,300 (mil trescientas) personas que demandan atención en hospitales estatales, proporcionándoles alojamiento, servicio de enfermería y un (1) tiempo de comida;

— Se ejecutaron 220 (doscientas veinte) investigaciones socioeconómicas para adopción, cumpliendo con el mandato legal establecido en el Código de Familia;

— Mediante actividades realizadas por los padres de familia, se ha ejecutado acciones de mantenimiento de edificios, donación de mobiliario y elaboración de juguetes.

Rehabilitación Social:

Este subprograma atiende menores y adultos con deterioro biopsicosocial, en centros con atención especializada y que se constituyen en centros auxiliares de los juzgados.

Atendió en el periodo:

— 1,285 (mil doscientos ochenta y cinco) menores (diario) con problemas conductuales, en tres (3) centros de custodia; dos (2) de observación; tres (3) de tratamiento y una (1) actividad de seguimiento;
— 70 (setenta) menores de 0-3 años, en estancia infantil del Centro Femenino de Adaptación Social y Centro de Orientación Juvenil Támara, hijos de menores y adultos internos;

— 460 (cuatrocientos sesenta) personas de 3-21 años, con minusvalía física y mental, en dos (2) centros especializados en educación especial y capacitación en talleres.

Salud Bucal:

Programa eminentemente educativo, dirigido a la población que atiende la institución en centros especiales y a escolares de las zonas marginadas de las ciudades de Comayagüela y Tegucigalpa y en zonas rurales de difícil acceso.

En el periodo se realizaron las siguientes acciones:

— 16,625 (dieciséis mil seiscientos veinticinco) menores en zonas rurales y urbanas marginadas, proporcionando procedimientos clínicos, profilaxis, procedimientos operatorios, exodoncias sellantes de fisura, uso de pastillas reveladoras y capacitación odontológica;

— 59 (cincuenta y nueve) brigadas odontológicas a zonas rurales, patrocinadas por la base "Palmerola" y la Misión Médico Dental Bautista;

— 21,002 (veintiún mil dos) estuches de higiene bucal, donación retribuida a escolares;

— 230 (doscientos treinta) cepilleros fueron instalados en escuelas de la zona urbana;

— 8 (ocho) clínicas dentales, instaladas en escuelas de la zona urbana.

En Previsión Social, la JNBS atendió en su desarrollo integral a 7,630 menores, en sus diferentes centros diseminados en todo el país. Su presidenta Miriam de Azcona en su dinámica labor inauguró diversas obras para atender a miles de menores marginados.

Para albergar a miles de asistidos, la JNBS construye en este periodo el Hogar Temporal, ubicado en la Colonia Humuya, en Tegucigalpa.

La JNBS construye, con la cooperación del sector público y privado, varios parques infantiles en zonas marginadas de Tegucigalpa. Cabe mencionar las colonias "30 de Mayo", "Los Laureles", "14 de Febrero", "Flor No. 1" y "El Pedregal".

DATOS ESTADÍSTICOS CONDENSADOS
JUNTA NACIONAL DE BIENESTAR SOCIAL

DENOMINACIÓN	UNIDAD DE MEDIDA	EJECUTADO
Menores en alimentación y nutrición	Menor	36,498
Menores en desarrollo integral	Menor	7,630
Asistidos en centros especiales de prevención y rehabilitación social	Asistidos	44,747
Investigaciones socioeconómicas	Investig.	220
Capacitación artesanal y vocacional	Particip.	4,000
Apoyo alimentario a 319 proyectos de infra-estructura y social (carreteras, puentes, muros etc.)	D/T	217,493
Proyecto alimentario a 199 actividades de salud (letrinización, acueductos, alcantarillados)	D/T	137,505
Apoyo alimentario a 306 proyectos productivos (hornos comunales, grupos avícolas, granos básicos)	D/T	205,443
Apoyo alimentario a 115 proyectos de viviendas (construcción y mejoramiento de viviendas)	D/T	74,291
Apoyo alimentario a 317 proyectos de educación (construcción y mejoramiento de escuelas y canchas deportivas)	D/T	246,747
Apoyo alimentario a 110 proyectos de capacitación (diversas tareas educativas)	D/T	75,807
Apoyo alimentario voluntario DESIN	D/T	33,950
Demostraciones	Demostrac.	55,171
Capacitación comunitaria	Particip.	43,374
Organización de comunidades	Comunidad	480
Organización de grupos	Grupos	480
Construcción de parques infantiles	Parque	8
Programa Padres de Familia	Padre	240
Centro Femenino de Adaptación Social	Asistido	253
Atención odontológica en zonas urbanas, marginadas y rurales	Asistido	16,625
Brigada odontológica a las áreas rurales	Brigadas	59
Distribución de estuches odontológicos	Estuches	21,002
Instalación de cepilleros en las escuelas	Cepilleros	230
Instalación de clínicas dentales	Clínicas	8

172

INSTITUTO NACIONAL DE JUBILACIONES Y PENSIONES DE LOS EMPLEADOS PÚBLICOS

El Instituto Nacional de Jubilaciones y Pensiones de los Empleados y Funcionarios del Poder Ejecutivo "INJUPEMP" desarrolló las siguientes actividades en 1988.

BENEFICIOS:

Durante 1988 el comportamiento de los rubros fundamentales de beneficios fue el siguiente:

	No. de Beneficios	Monto en Lempiras
Jubilaciones	135	436,289
Pensión por invalidez	51	222,695
Muerte en servicio activo	55	1,303,783
Transferencia de Beneficio	28	81,604
Separación del sistema	797	1,887,829
	1,066	L. 3,932,200

SERVICIOS:

Se contempla como servicios o beneficios colaterales los préstamos personales e hipotecarios que el instituto concede a sus participantes:

	No. de préstamos	Monto en Lempiras
Préstamos personales	15,774	44,200,000
Préstamos hipotecarios	803	26,897,520

INVERSIONES EN VALORES:

La inversión en títulos valores del INJUPEMP al 31 de diciembre de 1988 fue de L. 257,600,000, la que comparada con los L. 231,000,000 invertidos al 31 de diciembre de 1987 significa un incremento de L. 26,600,000 que corresponde a la inversión adicional neta realizada durante el año 1988.

El movimiento de las inversiones por sectores tuvo el siguiente comportamiento durante 1987:

	AL 31-12-87	AL 31/12/88	Incremento (+) Disminución (-)
Sector Público	153,800,000	142,700,000	(-) 11,100,000
Sector Privado	77,200,000	114,900,000	(+) 37,700,000
	231,000,000	257,600,000	L. 26,600,000

A pesar de la baja suscitada en las tasas de interés en el Sistema Bancario Nacional por resolución del Directorio del Banco Central de Honduras, el INJUPEMP, por la vía de la correcta negociación, logra mantener un alto nivel en la rentabilidad de las inversiones en valores del instituto (11%), fortaleciendo en esa forma las reservas del sistema.

RESERVAS DEL SISTEMA

Las reservas del sistema al 31 de diciembre de 1988 son de Lps. 432,800,000, que comparadas con las registradas al 31 de diciembre de 1987 por L. 362,800,000 observan un incremento de L. 70,000,000 (20%).

PROYECTOS HABITACIONALES

Al 31 de diciembre de 1987, INJUPEMP había construido 2,261 unidades habitacionales en sus diversos proyectos.

En el año 1988, el INJUPEMP desarrolla 17 proyectos habitacionales que representan 2,560 viviendas. De estos proyectos, 5 estaban liquidados al 31 de diciembre del año objeto de informe, y los 12 restantes se encuentran en proceso de ejecución conforme a lo programado.

En resumen, el INUPEMP, al 31 de diciembre de 1988 ha contratado un total de 4,466 viviendas distribuidas en 33 proyectos habitacionales, ubicados en diferentes ciudades del país.

Los 17 proyectos en ejecución mencionadas anteriormente, significan una inversión de L. 69,283,281, de los cuales en 1988 se desembolsaron efectivamente L. 29,530,796.

En materia de proyectos habitacionales, 1988 significa un importante avance para la inversión con función social que deviene obligado a realizar el instituto, por cuanto se han desarrollado complejos habitacionales de bajo costo para participantes de bajos ingresos, construyéndose 700 viviendas para este sector, lo que nos permite ofrecer a nuestros participantes viviendas que reúnen las condiciones de un albergue decoroso para sus respectivas familias.

PROYECTO INSTITUCIONAL

Durante 1988 se continuó con los programas dirigidos a la tercera edad.

El INJUPEMP, en la Coordinación General del Comité Técnico Interinstitucional, celebró la Tercera Jornada Nacional de la Tercera Edad 1988, realizándose 40 diferentes eventos científicos, técnicos, sociales y culturales, destacándose el Segundo congreso sobre el anciano "Tercera Edad Cultura y Productividad"; el Tercer Seminario Nacional de Gerontología Tercera Edad y Voluntariado; Primera gran exposición de Arte, Artesanía y Manualidades de Tercera Edad; Primer Gran Maratón Deportivo de Tercera Edad; Festival de Teatro de Tercera Edad.

En marzo de presente año se llevó a cabo en Honduras la Primera jornada de trabajo de la comisión técnica permanente de prestaciones y servicios sociales de la Organización Iberoamericana de Seguridad Social "O.I.S.S.", la cual preside el Director Ejecutivo del INJUPEMP, en ese cónclave hubo delegaciones de: Bolivia, Uruguay, Guatemala, España, Costa Rica, El Salvador y Honduras, como país sede.

En septiembre, el INJUPEMP, con la colaboración del Ministerio de Educación Pública e INPREMA, desarrolló en 17 escuelas primarias del país el proyecto "Rescatando Nuestra Historia", en el cual participaron más de 30 distinguidos expositores de la tercera edad, que relacionaron a más de 2,000 escolares los valores cívicos, las fiestas patrias y el significado de ellos para su generación.

OTROS LOGROS ADMINISTRATIVOS

En 1988 dos nuevas instituciones descentralizadas se afiliaron al sistema de INJUPEMP, siendo estas EDUCREDITO y el Instituto Nacional Agrario, significando su incorporación 1,774 nuevos participantes.

Se logró la implementación de nuevos subsistemas de información, alcanzándose un desarrollo de 90%.

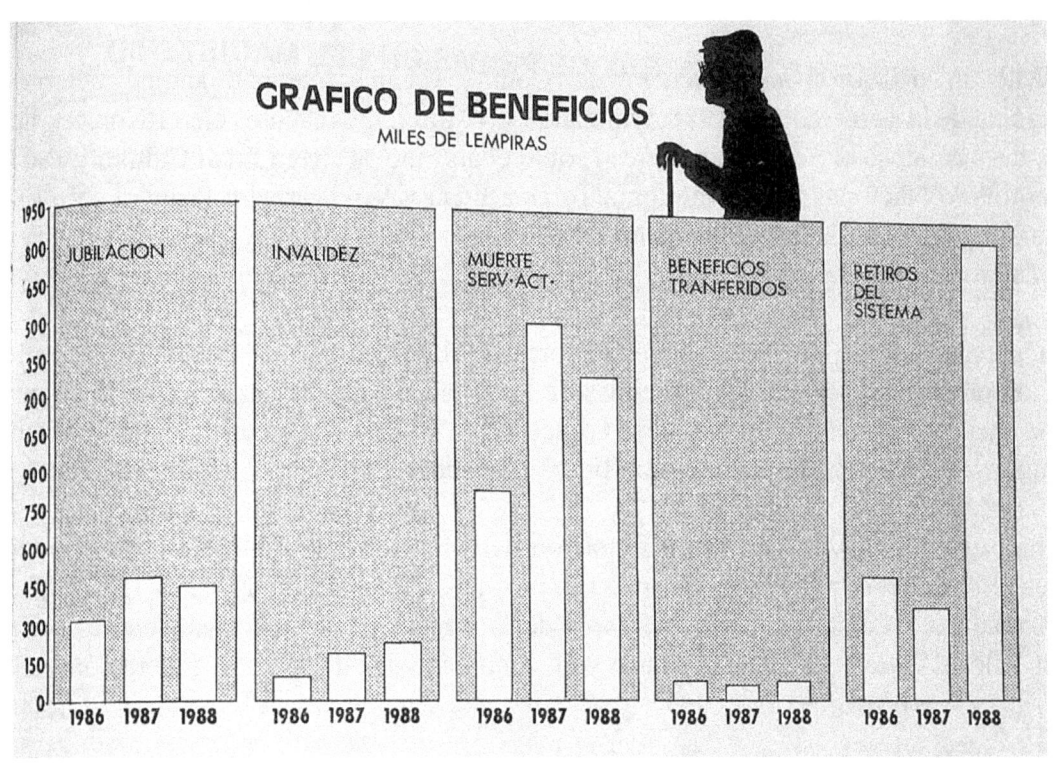

GRAFICO DE BENEFICIOS

MILES DE LEMPIRAS

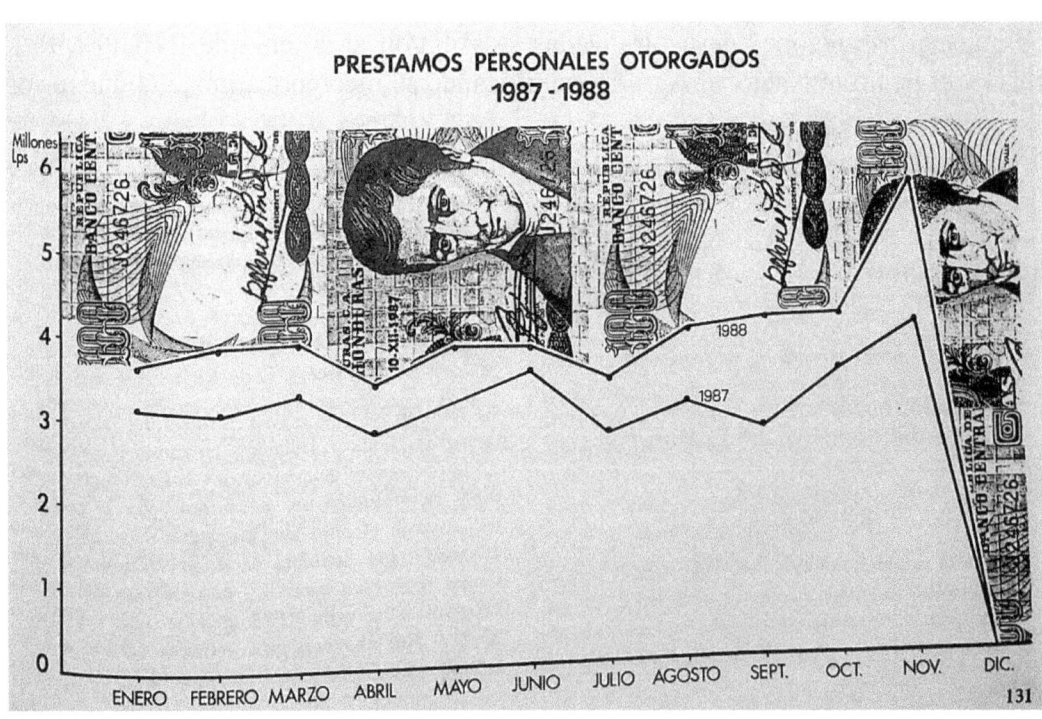

PRESTAMOS PERSONALES OTORGADOS
1987 - 1988

131

176

INSTITUTO NACIONAL DE PREVISIÓN DEL MAGISTERIO

Se ha significado para el INPREMA el reforzamiento de su estructura administrativa para mejorar la calidad y eficiencia de sus operaciones, así como la busca de la mejor rentabilidad de sus inversiones para asegurar el crecimiento de la institución y su estabilidad económica.

BENEFICIOS SOCIALES OTORGADOS:

La División de Prestaciones Sociales, dando fiel cumplimiento a la ley, ha tramitado y otorgado mediante el procedimiento respectivo los beneficios descritos a continuación, y que comparativamente con el año anterior, significan un incremento no solo en su número sino también en erogaciones financieras.

BENEFICIOS	1987	1988
1. Jubilaciones voluntarias	169	311
2. Jubilaciones obligatorias	40	24
3. Pensiones por invalidez	30	47
4. Reconsideración de jubilaciones y pensiones	16	18
5. Continuación de jubilaciones y pensiones	48	63
6. Seguros de vida y separación	37	61
7. Separación del sistema	124	70
TOTAL	464	594

Estos beneficios, sumados a los de años anteriores, significaron, durante 1988, erogaciones por un monto de L. 22,028,602 (VEINTIDÓS MILLONES VEINTIOCHO MIL SEISCIENTOS DOS LEMPIRAS NETOS).

SERVICIOS OTORGADOS:

Para 1988 se programó una meta financiera de otorgar 10,000 solicitudes para un monto de L. 40 millones de lempiras. Sin embargo, esta meta fue reforzada por el incremento mayor en su demanda para este tipo de préstamos, por lo cual fue necesario aumentar la partida a L. 44 millones de lempiras.

Gran parte de este aumento se debe a las reformas del Reglamento de Préstamos Personales, que incrementan el monto a prestar hasta L. 10,000 y también el incremento de sueldos aumenta la capacidad de crédito a los participantes.

PRÉSTAMOS PARA VIVIENDA:

Conscientes de que dentro del Magisterio Nacional existe un alto índice de familias sin hogar, el INPREMA programó la tramitación de 700 solicitudes por un monto de L. 18 millones. Analizando el comportamiento de este servicio de préstamos al tercer trimestre, la administración solicitó el incremento de esta partida a L. 20 millones, como consecuencia del aumento de la demanda de este tipo de préstamos.

Es importante destacar que gran parte de este monto de capital va engrosando la inversión del país, a través de la construcción de viviendas para maestros, activando la industria de la construcción y contribuyendo de manera significativa el empleo productivo de Honduras.

Se considera que el incremento en número de préstamos y montos otorgados obedece a las reformas al reglamento de préstamos para vivienda, el cual aumenta el monto a prestar de L. 50 mil. A L. 75 mil. la inclusión como sujetos de crédito a los maestros, jubilados y la eliminación de algunas restricciones que dificultaban el crédito a los participantes.

APORTACIONES Y COTIZACIONES DEL SISTEMA:

La División de Operaciones, a través del Departamento de Aportaciones y Afiliación, buscando el saneamiento de la Cartera de Aportaciones y cotizaciones adoptó y puso en ejecución un mecanismo que le permitiera un control efectivo de los ingresos y obligaciones contraídas por concepto de las aportaciones y cotizaciones de los integrantes y participantes del sistema. Programándose para 1988 percibir una cantidad de L. 51 millones, meta que, a finales del año, se espera cumplir en un monto muy aproximado.

Mediante la ejecución del Plan de Recuperación de la Mora por aportaciones de los institutos semi oficiales y privados, se ha percibido la cantidad de más de 2.2 millones, mediante la firma de compromisos de pago, lo cual ha traído como consecuencia que maestros de muchos establecimientos han recobrado su derecho a seguir gozando de los beneficios y servicios que otorga el sistema.

Asimismo, durante 1988 se continuó la implementación del Sistema de Control de Aportaciones y Cotizaciones, orientando especialmente a los maestros participantes y los establecimientos educativos públicos y privados.

INVERSIONES

Urbanizaciones

Proyectos en ejecución

a) **Residencial "Juan Ramón Molina"** (San Pedro Sula, Cortés). Se firmó contrato con la Compañía Constructora Contratistas Asociados, S. A. (CASA), para realizar las obras de urbanización en una superficie de 20 manzanas y construcción de 390 viviendas, iniciándose dichas obras en el mes de junio del presente año, obteniéndose un avance del 12% de la obra contratada. A la fecha se ha efectuado la revisión de dos estimaciones presentadas por el contratista por un valor de L. 889,868.87, equivalente al 6.19 del monto total contratado.

b) **Colonia "Alfonso Guillén Zelaya"** (El Progreso, Yoro). Se revisaron y analizaron las ofertas presentadas por las compañías constructoras; en base a esto se recomendó en dictamen emitido por la Comisión de Revisión y Análisis de las Ofertas, la urbanización de 248 lotes y la construcción de 100 viviendas a la Compañía Urbanizaciones Hasbun, S.A.

Se elaboró el respectivo contrato de construcción, iniciándose las obras en el mes de julio del presente año. Actualmente las obras de urbanización han alcanzado el 19% del monto total contratado, y la construcción de diecinueve (19) viviendas tipo "UH-10". Se ha revisado, hasta la fecha, una estimación presentada por la compañía constructora por un valor de L. 241,681.41.

c) **Colonia "17 de Septiembre" II Etapa** (En la ciudad de La Ceiba, Atlántida). Se suscribió el contrato de construcción con la Compañía Contratistas Asociados, S.A. para la urbanización de 112 lotes y la construcción de 50 viviendas; a la fecha ya se suscribió este contrato y fueron iniciadas las obras en noviembre de 1988.

d) **Residencial "Rubén Antúnez C."** (En la ciudad de Tegucigalpa, Francisco Morazán). El inicio de la obra aún no ha sido posible ya que se han presentado problemas de orden legal, en la adjudicación de contrato, cuya solución está pendiente en los tribunales, por tanto, será hasta cuando se defina esta situación que el proyecto dará inicio.

PROYECTOS FUTUROS:

Se encuentran en etapa de estudio de factibilidad proyectos habitacionales en las ciudades de Juticalpa, Danlí, Choluteca, Comayagua y Santa Rosa de Copán y otras ciudades del país.

OFICINA REGIONAL DE SAN PEDRO SULA:

A finales de 1987 fue inaugurada la Oficina Regional de San Pedro Sula, cuyo radio de acción comprende los departamentos de Atlántida, Colón, Islas de la Bahía, Copán, Gracias a Dios, Ocotepeque y Yoro, zona en la que laboran 13,000 docentes que representan más del 42% del total en todo el país.

Durante 1988 esta oficina recaudó ingresos por 2.1 millones de lempiras, tramitó 2,218 solicitudes, efectuó 174 avalúos y 156 supervisiones.

El funcionamiento de esta regional ha ofrecido una experiencia positiva facilitando las operaciones, tanto por parte de los maestros como del mismo instituto.

En resumen, los logros obtenidos en el Instituto Nacional de Previsión del Magisterio (INPREMA) durante 1988, evidencian la mística de trabajo, responsabilidad y seriedad que el instituto ha adquirido en los dos últimos años, mediante la implementación de métodos y procedimientos administrativos.

INSTITUTO NACIONAL DE PREVISIÓN DEL MAGISTERIO Beneficios pagados Periodo 1980-1988		
AÑOS	BENEF. OTORGADOS	MONTO
80	1894	4,425,126.22
81	1958	5,682,159.56
82	1998	6,872,675.79
83	2253	8,784,199.74
84	2536	11,386,116.22
85	2664	13,764,306.62
86	2811	16,405,814.55
87	2985	18,748,950.41
88	3574	22,028,602.40
TOTALES	22,678	Lps. 108,097,951.51

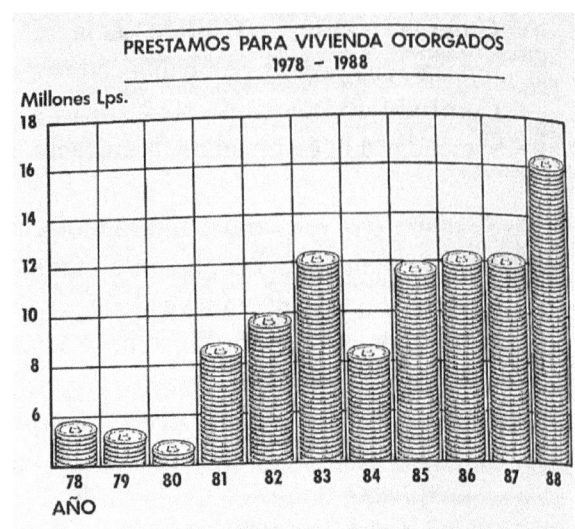

Ingreso por Aportaciones Periodo 1971-1988	
AÑOS	MONTO
71	172,883.95
72	671,130.03
73	955,899.09
74	989,592.53
75	1,160,294.31
76	1,230,352.60
77	9,246,055.79
78	10,589,865.69
79	9,934,982.05
80	14,560,417.11
81	20,627,409.29
82	24,374,723.16
83	27,765,233.86
84	32,627,540.84
85	38,260,100.17
86	45,844,962.87
87	48,724,955.46
88	51,412,400
TOTALES	Lps. 339,148,798.80

Avance de Ejecución del Proyecto Residencial "Juan Ramón Molina" en San Pedro Sula, Cortés (390 viviendas).

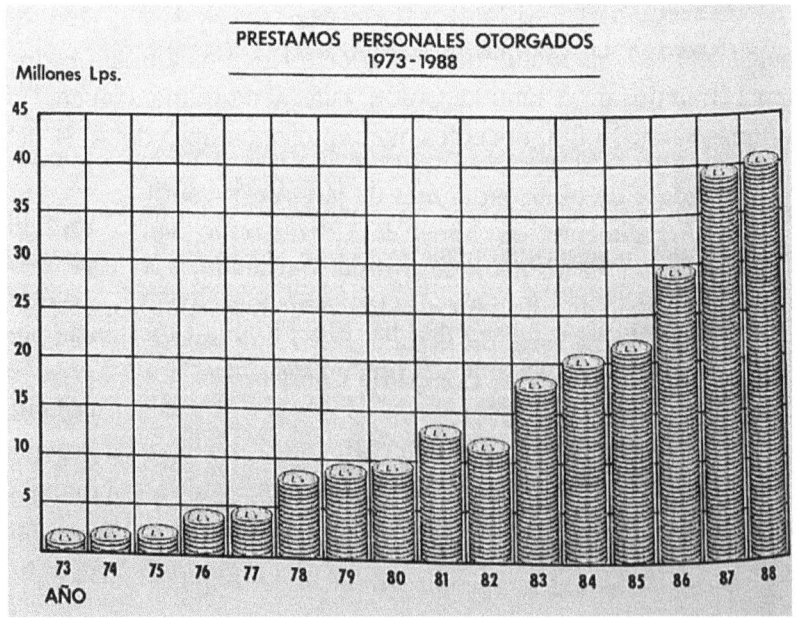

180

INSTITUTO NACIONAL DE FORMACIÓN PROFESIONAL

Una visión global de lo actuado en el año se presenta a continuación:

ACCIONES OPERATIVAS:

Un total de 16,469 trabajadores en servicio en todo el país, participaron en los cursos de complementación, a fin de alcanzar el nivel de eficiencia propio de su ocupación y 5,304 hondureños habilitados en ocupaciones semi calificadas.

Por otra parte, aproximadamente 590 trabajadores fueron atendidos a través del Programa de Aprendizaje, acción esta que va dirigida a jóvenes, al margen de las opciones educativas formales y a punto de ingresar al mercado de trabajo. Las áreas que cubre este programa son: Electricidad, Carpintería, Ebanistería, Refrigeración y Aire Acondicionado, Mecánica Industrial, Mecánica Automotriz, Construcciones Metálicas y Electrónica, en las ciudades principales del país.

También se brindó atención a 981 funcionarios de igual número de empresas públicas y privadas, a través del Programa de Formación de Mandos, para los niveles de alta y media gerencia, en las principales ciudades. Como parte de este programa, se ofrece asesoría a las empresas y se coordina la creación de sus propias unidades de adiestramiento.

MODALIDADES ESPECIALES DE ENTREGA DE SERVICIO:

Como innovación metodológica, se cuenta con dos unidades didactomóviles que están experimentando la modalidad de aprendizaje dual en Mecánica Automotriz, en comunidades cercanas a las ciudades de Siguatepeque, Comayagua y Juticalpa, Olancho.

Los Talleres Móviles son estructuras desmontables polivalentes, con sede temporal, que en 1988 en número de cinco, funcionaron en: Puerto Cortés, San Pedro Sula, Gracias, Tela, La Ceiba y el Bajo Aguán.

CENTROS FAMILIARES EDUCATIVOS PARA EL DESARROLLO DE HONDURAS:

Los centros CEFDH constituyeron un programa que procura mejorar el nivel técnico de las unidades productivas del agro, a través de la capacitación de los jóvenes bajo el sistema de alternancia (una semana en el centro y dos en la parcela, por un periodo de dos años). En 1988 se beneficiaron 48 familias con proyectos generados en los centros.

Bajo la responsabilidad directa del INFOP, funcionan dos centros ubicados en Catacamas, Olancho y Azacualpa, Intibucá, existiendo cuatro centros más que reciben asesoría de INFOP, pero dependen funcionalmente del Ministerio de Recursos Naturales.

PROGRAMA DE MECANIZACIÓN AGRÍCOLA DE HONDURAS (PROMECH)

Este programa funciona con asistencia técnica y financiera de la Cooperación Suiza para el Desarrollo (COSUDE). Intenta establecer políticas de mecanización agrícola en Honduras, correspondiendo al INFOP la responsabilidad de capacitar mecánicos agrícolas, operadores de maquinaria agrícola y herreros, a través de un Centro de Mecánica en Tegucigalpa y otro de Mecanización en Monjarás, Choluteca.

En el año que se informa, se becaron 158 trabajadores de diferentes localidades del país, en las ramas de Hidráulica, Electricidad, Motores, Transmisión de fuerza y Mantenimiento del tractor.

También se hicieron avances significativos para la instalación y funcionamiento de un Centro de Mecánica y Mecanización en Zamora, Colón.

PEQUEÑA EMPRESA RURAL:

En el presente año, este programa funcionó en el Municipio de Sabanagrande, con sus aldeas, donde se logró la integración de las autoridades locales con los pobladores, participando 445 trabajadores en el desarrollo de los siguientes proyectos: uno de especies menores, cuatro de agricultura, uno de tiendas de consumo, uno de arreglo de carreteras y uno de construcción de aulas escolares, beneficiándose 469 familias, con un total de miembros de 2,490.

APRENDIZAJE POR ACCIÓN:

En una modalidad de asesoría grupal, dirigida a proyectos en ejecución, a cargo de grupos de reciente organización que enfrentan problemas técnicos, financieros y conductuales. El instructor del INFOP actúa como asesor o facilitador del grupo y las acciones de capacitación que se generan responden a las necesidades específicas detectadas. La modalidad está siendo ensayada con éxito en la zona central y noroccidental.

PROGRAMA HOTELERO:

Los cursos tienen una duración aproximada de seis meses. Los instructores tienen categoría móvil, utilizando las instalaciones y equipo del centro o bien, las que los beneficiarios ponen a su disposición.

En el presente año se beneficiaron con los cursos un total de 1,638 trabajadores de todo el país, habiéndose desarrollado acciones coordinadas con la Cámara de Turismo y el Instituto Hondureño de Turismo.

PRODUCTOS VISIBLES DE LA FORMACIÓN

— Tres aulas y unidades de servicios sanitarios para la Escuela Primaria de la Colonia 21 de Febrero de Comayagüela, Francisco Morazán.

— Conclusión del Centro de Salud en Duyusupo, Choluteca.

— Se avanzó en un 60% en la construcción de lo que será el Centro de Capacitación que, mediante el Programa CEFEDH, se lleva a cabo en El Cohete, Nacaome.

— Tres aulas grandes con sus respectivos pizarrones de pared, para el Colegio de El Porvenir, Francisco Morazán.

— Dos paredes, techo, pisos, aceras y repellos de la Escuela Primaria de Coray, Valle.

— Varios trabajos en el Centro de la Junta Nacional de Bienestar Social en Lagunetas y el Centro de Cultura y casas particulares de la misma comunidad, en Francisco Morazán.

— Un horno para un curso de panadería en San Matías, Francisco Morazán.

— Centro Logístico y de Capacitación, perteneciente a COHDEFOR, en Taulabé, Comayagua.

— Asistencia en proyectos de autoconstrucción de viviendas en las comunidades de Lepaera, San Rafael, San Antonio y Gracias del Departamento de Lempira, en coordinación con FEDECOH.

— Asistencia a varios proyectos de construcción y autoconstrucción de viviendas en el sector de Tela, Atlántida, en coordinación con el Centro San Juan Bosco.

— Terminación del Colegio en San Juan Pueblo, Atlántida, en coordinación con el patronato.

— Construcción del 30% del Colegio de La Masica, Atlántida, en coordinación con la Municipalidad.

— Construcción de una escuela en Sabá, Colón.

— Terminación del Jardín de Niños en Santa Rosa de Aguán, Colón, en coordinación con el Fondo Cristiano de Ayuda del Niño.

— Cinco centros comunales en Santa Bárbara, en coordinación con PRODESBA.

— Talleres y Laboratorios para el Colegio de Tocoa, Colón.

— Centro CEFEDH en El Cohete, Valle.

En el año se atendieron 25,650 trabajadores de los cuales egresaron 22,888.

CURSOS FINALIZADOS, PARTICIPANTES APROBADOS Y HORAS DESARROLLADAS EN 1988*

OFICINA REGIONAL Y UNIDADES EJECUTORAS	CURSOS	PARTICIPANTES	HORAS
TOTAL	1,946	22,888	191,546
OFICINA REGIONAL DEL CENTRO	1,061	13,161	102,445
Centro Móvil 1 (Tegucigalpa)	63	642	5,606
Centro Móvil 3 (Juticalpa)	49	405	4,070
Centro Móvil 6 (La Esperanza)	52	570	2,926
Centro Móvil 7 (Choluteca)	40	426	3,228
Centro Móvil 8 (Danlí)	32	303	2,659
Acciones Móviles 1 (Centro, sur, oriente)	191	2,085	29,143
Centro de Formación Agropecuaria (La Paz)	49	446	3,134
PROMECH (Nacional)	47	327	3,972
Centro Fijo 1 (Tegucigalpa)	90	692	30,536
Formación en Empresas 1 (Centro, sur, oriente)	427	6,990	10,512
CEFEDH 1 (Catacamas)	4	41	2,996
CEFEDH 2 (Azacualpa)	4	48	2,372
Departamento Técnico (Tegucigalpa)	13	186	1,291
Unidad Desarrollo de Personal (Tegucigalpa)	-0-	-0-	-0-
OFICINA REGIONAL NOROCCIDENTAL	585	6,753	59,651
Centro Móvil 2 (San Pedro Sula)	108	1,232	6,152
Centro Móvil 4 (Santa Rosa de Copán)	83	702	4,944
Acciones Móviles 2 (Noroccidental)	92	908	15,910
Centro Fijo 2 (San Pedro Sula)	96	1,065	26,943
Formación en Empresas 2 (Noroccidental)	266	2,846	5,702
OFICINA REGIONAL LITORAL ATLÁNTICO	300	2,974	29,450
Centro Móvil 5 (La Ceiba)	110	692	911
Centro Fijo 3 (La Ceiba)	40	323	10,649
Acciones Móviles 3 (Litoral Atlántico)	68	703	7,499
Formación en Empresas (Litoral Atlántico)	82	1,256	2,191

Datos reales hasta septiembre y proyectados de octubre a diciembre.

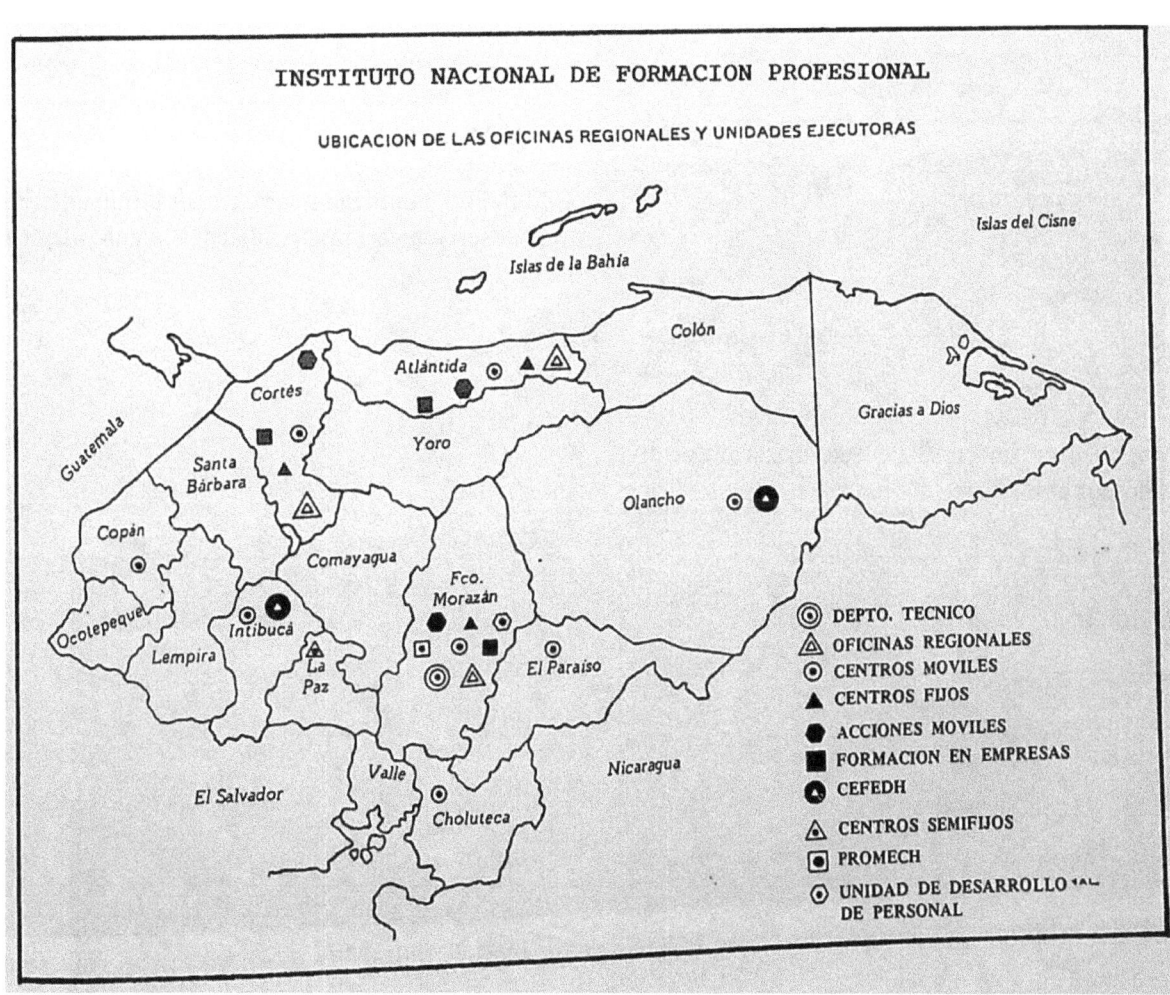

INSTITUTO NACIONAL DE FORMACION PROFESIONAL

UBICACION DE LAS OFICINAS REGIONALES Y UNIDADES EJECUTORAS

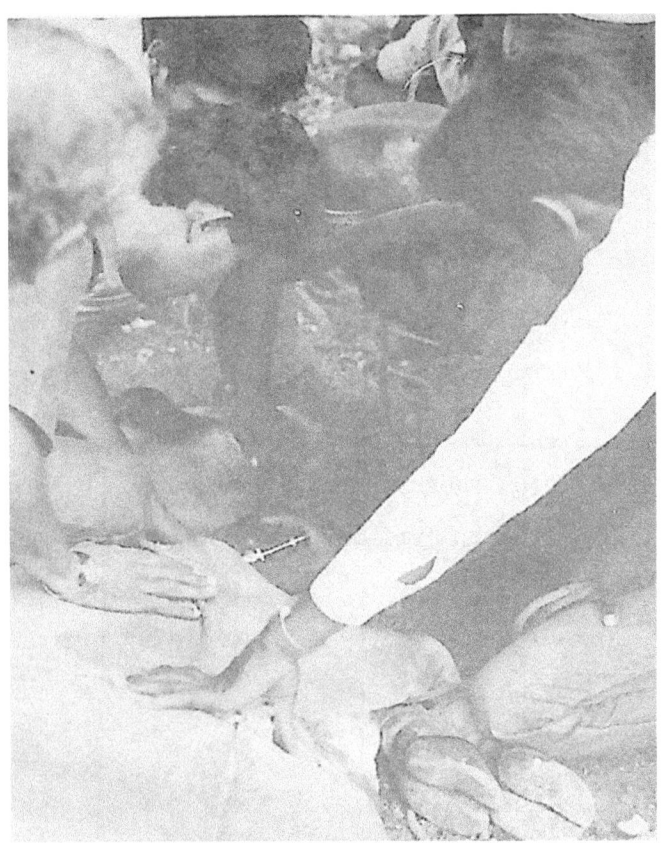

El INFOP también imparte cursos de albañilería. Aquí se observa a varios aprendices en plena práctica.

Clase práctica en un curso de veterinaria preventiva, impartido por el INFOP.

Un grupo de jóvenes aprendices reciben el curso de Mecánica Automotriz.

CENTRO DE DESARROLLO INDUSTRIAL

Este año el CDI realizó las actividades siguientes:

I.- ASISTENCIA TÉCNICA

Conforme los requerimientos de la nueva estructura se han capacitado a 33 empleados del personal técnico a través de 11 cursos teórico-prácticos, apoyados por consultores y personal voluntario del proyecto CDI/ONUDI, e INFOP, en materias como: preparación y evaluación de proyectos: análisis financiero; administración de pequeños negocios; investigación de mercados; técnica empresarial en la industria alimenticia y otros.

Se proporcionó asistencia técnica a pequeños empresarios industriales beneficiarios directos del crédito como a otros que la solicitaron y que se concretó a través de cursos y seminarios sobre aspectos de producción, costos, comercialización, administración, contabilidad, prediagnóstico, etc., beneficiando en varias ramas de la industria a 217 pequeñas empresas en los que se impartieron 263 asesorías, según el siguiente detalle:

Asistencia técnica y tecnológica otorgada a la pequeña empresa
durante el año 1988

RAMA INDUSTRIAL	NÚMERO DE EMPRESAS	ASESORÍA ESPECÍFICA
Alimentos	90	102
Madera	78	89
Cuero	14	26
Metalmecánica	19	22
Mineral no metálico	7	15
Vestuario	6	6
Cursos	3	3
TOTAL	217	263

Asimismo, se elaboraron 85 estudios de factibilidad para el otorgamiento de préstamos a diversas ramas industriales y la artesanía.

En materia de formación de mano de obra calificada de un total de 489 jóvenes artesanos que albergaron seis centros de adiestramiento artesanal al finalizar el año 1988, se graduaron 75 jóvenes de ambos sexos, especialmente en las ramas de ebanistería, albañilería, zapatería, metalmecánica, corte y confección y otros.

De los seis centros mencionados, tres entraron a pleno funcionamiento en el presente año, localizados en la ciudad Puerto de Trujillo, La Entrada, Copán y la Villa de San Francisco en Francisco Morazán, terminando este primer año con 231 jóvenes matriculados, en periodo de capacitación.

II.- ASISTENCIA FINANCIERA

Durante el año se atendieron alrededor de 250 personas interesadas en obtener préstamos en la institución y que, después de un análisis técnico, se otorgaron 72 préstamos por un monto de L. 798.2 miles distribuidos en las cuatro zonas geográficas del país, cuyas ramas más beneficiadas lo fueron alimentos, madera, cuero y vestuario, que ocupan el 82.2% del total otorgado, conforme el siguiente cuadro.

Crédito otorgado según rama industrial
(Miles de lempiras)

RAMA INDUSTRIAL	NÚMERO DE PRÉSTAMOS	MONTO	ESTRUCTURA (%)
Alimentos	17	267.5	33.5
Madera	15	187.5	23.5
Cuero	14	118.3	14.8
Vestuario	15	82.7	10.4
Metalmecánica	5	49.1	6.1
Fibras naturales	2	50.9	6.4
Imprenta (impresión)	2	16	2
Otros	2	26.2	3.3
TOTAL	72	798.2	100

Esta actividad generó aproximadamente unos 200 nuevos empleos directos e indirectamente benefició a unas 1,200 personas.

El crédito en este año se ha reducido sustancialmente en relación a lo programado debido a la escasez de recursos financieros, lo que obligó a la institución dar un nuevo giro a las políticas de desarrollo y consecuentemente adecuar la estructura organizacional a los cambios a que se ha hecho referencia.

Asistencia técnica directa a la micro, pequeña y mediana empresa.

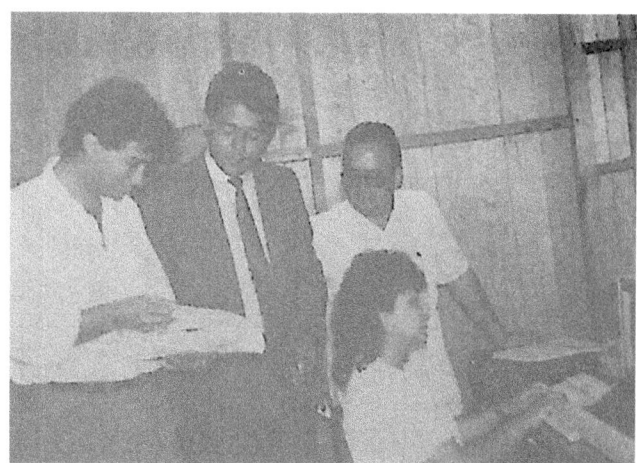

Clausura de las labores de capacitación para 1988, en uno de los 7 centros de adiestramiento artesanal.

Computarización de las operaciones de la institución, mediante Proyecto ONUDI-CDI.

INSTITUTO DE CRÉDITO EDUCATIVO

Durante el año de 1988 se otorgaron 417 préstamos, los que fueron financiados con fondos propios de la institución y cuyo monto ascendió a L. 3,318.6 miles, distribuidos en 287 préstamos con un monto de L. 1,343.7 miles para la realización de estudios en el país y 130 con L. 1,974.9 miles para estudios en diferentes centros educativos en el exterior.

I.- Fondos en Administración Suscritos

Como un programa de apoyo al crédito educativo, la institución suscribió con personas naturales o jurídicas 50 convenios para la administración de fondos por un monto total de L. 786.8 miles, generando por el manejo de los mismos otros ingresos que contribuyen a cubrir el total de gastos corrientes institucionales.

II.- Recuperación de Préstamos

Se logró captar en concepto de capital, intereses y otros servicios sobre préstamos, la cantidad de L. 4,936 miles, los cuales han servido para el financiamiento de los nuevos préstamos otorgados y cubrir los gastos administrativos necesarios para el manejo de los mismos.

Durante el año comenzaron la amortización de sus préstamos un total de 310 nuevos beneficiarios y finalizaron 568, quedando al final del año un saldo acumulado de 4,236 préstamos por cobrar con un monto de L. 20,805 miles, el cual se mantiene relativamente igual al saldo en cartera al 31 de diciembre de 1987, gracias a los esfuerzos en la gestión de cobranza y la implementación del Decreto No. 29-87, el que nos permite la deducción por planilla, tanto a los empleados del sector público como privado.

RECUPERACION OBTENIDA DURANTE LOS AÑOS
1985. 1986. 1987 y 1988

(En Miles de Lempiras)

COMPORTAMIENTO DE OTORGAMIENTOS DE PRESTAMOS APROBADOS EN NUMERO Y MONTO
AÑOS: 1985. 1986. 1987 y 1988

Préstamos Aprobados Año 1988 (En lempiras)						
NIVELES Y ÁREAS DE ESTUDIO	No.	HONDURAS MONTO	No.	EXTERIOR MONTO	No.	TOTAL MONTO
Post Grado	10	82,202	58	852,029.83	68	934,231.83
Agricultura			10	122,201.7	10	122,201.7
Advas. Econ. y Cont.	10	82,202	11	138,494.17	21	220,696.17
Salud			25	409,772.58	25	409,772.58
Ingeniería			5	73,819.96	5	73,819.96
Sociales			3	60,142.96	3	60,142.96
Exactas y Naturales			3	35,598.46	3	35,598.46
Educación			1	12,000	1	12,000
Grado	139	707,051	56	983,369.39	195	1,690,420.39
Agricultura	37	257,392	14	206,582.64	51	463,974.64
Advas. Econ. y Cont.	26	123,731	9	143,031.65	35	266,762.65
Salud	40	174,588	7	110,992.94	47	285,580.94
Ingeniería	23	104,930	17	381,047.16	40	485,977.16
Sociales	9	17,300	2	35,067.2	11	52,367.2
Exactas y Naturales	2	14,190			2	14,190
Educación	2	14,920	7	106,647.8	9	121,567.8
Mandos Intermedios	123	502,967.92	6	62,161.15	129	565,129.07
Agricultura	5	64,550	1	4,949	6	69,499
Advas. Econ. y Cont.	6	27,900			6	27,900
Salud	29	75,500			29	75,500
Educación	23	131,928			23	131,928
Técnicas	60	203,089.92	5	57,212.15	65	260,302.07
Cursos Varios	15	51,467	10	77,357.21	25	128,824.21
TOTAL	287	1,343,687.92	130	1,974,917.58	417	3,318,605.5

RESUMEN		
Postgrado	No.	Monto
Grados	68	934,231.83
Mandos Intermedios	195	1,690,420.39
Cursos Varios	129	565,129.07
TOTAL	417	3,318,605.5

PATRONATO NACIONAL DE LA INFANCIA

Las metas y logros del Patronato Nacional de la Infancia se evidencian en distintos aspectos: Transferencias al Gobierno Central, asistencia social e institucional, atención a zonas rurales en áreas como higienización, medio ambiente, letrinización, producción de medicamentos y otros; todo esto se hace posible gracias al manejo eficiente y técnico en la administración, producción y distribución de Lotería Nacional, columna vertebral de la economía de la institución.

TRANSFERENCIAS AL GOBIERNO CENTRAL

1. El Gobierno Central recibió en el presente año, del Patronato Nacional de la Infancia, la suma de L. 20,400,000 (VEINTE MILLONES CUATROCIENTOS MIL LEMPIRAS), transferencia que es posible debido a las utilidades generadas por las ventas de Lotería Menor y Mayor de Honduras. Esta cantidad del Estado la revierte en distintos programas de naturaleza social hacia el pueblo hondureño a través de los Ministerios de Salud, Educación y Trabajo.

2. La Junta Nacional de Bienestar Social recibió, en el presente año, una transferencia de L. 400,000 (CUATROCIENTOS MIL LEMPIRAS), como apoyo a los programas que esa institución desarrolla para la población infantil necesitada.

3. Se destinó más de L. 500,000 (QUINIENTOS MIL LEMPIRAS), durante 1988, para cubrir los sueldos de odontólogos, médicos, enfermeras y promotores de salud, que adscritos al Ministerio de Salud Pública, laboran en distintos hospitales y centros de salud del país, lo que permitió dar cobertura a una gran mayoría de la población en el área de prevención y atención de la salud.

4. En el caso de las instituciones sin fines de lucro, que suman más de 30, y constituidas por comedores infantiles, centros de atención a niños minusválidos, lactarios, jardines de niños y otras, recibieron en conjunto L. 479,960 (CUATROCIENTOS SETENTA Y NUEVE MIL NOVECIENTOS SESENTA LEMPIRAS) para implementar cada uno de sus programas, logrando dar satisfacción a las necesidades de las poblaciones infantiles por ellas atendidas.

5. La Unidad de Proyección Institucional, a través de su sección de trabajo social, entregó ayudas directas por un total de L. 122,986.22 (CIENTO VEINTIDÓS MIL, NOVECIENTOS OCHENTA Y SEIS LEMPIRAS CON 22/100), a menores con enfermedades y limitaciones de distinta naturaleza, así:

   — 18 aparatos auditivos
   — 14 tomografías
   — 16 sillas de ruedas
   — 8 prótesis oculares
   — 17 lentes
   — 2 corseth
   — 3 férulas
   — 5 plantillas

— 6 fisioterapias
— 8 prótesis ortopédicas
— 56 zapatos ortopédicos
— 27 aparatos ortopédicos

Dentro de toda la suma anterior, van incluidas 17 económicas y 10 pasajes a México y los Estados Unidos de Norte América, que representan aquellos casos que no pueden ser atendidos en el país.

En el año de 1988, las ayudas directas del Patronato Nacional de la Infancia, se incrementaron en un 22%, como producto de la eficiencia administrativa de la institución que logró mejorar los ingresos y que permitió una mayor atención social.

6. La Dirección Ejecutiva del PANI aportó L. 200,000 (DOSCIENTOS MIL LEMPIRAS) como fondo inicial para el funcionamiento del Instituto de Prevención del Alcoholismo, Drogadicción y Farmacodependencia, con lo cual se evitan muchos males sociales.

7. La Dirección Ejecutiva ha aportado la suma de L. 5,000 (CINCO MIL LEMPIRAS) para estimular a los hijos de vendedores de Lotería en el logro de sus propósitos académicos; cantidad que será manejada por la ANAVELH.

EL PROGRAMA DE PENETRACIÓN RURAL

El propósito de este programa a nivel nacional es disminuir la morbimortalidad en las enfermedades declaradas como prioritarias que tienen como medio de transmisión el agua.

8. A través de Penetración Rural se logró lo siguiente:

— 100 pozos de agua con bomba manual instaladas.
— 2 acueductos rurales instalados.
— 4 fuentes de agua protegidas.
— 1,000 análisis para el control de calidad de agua.
— 1,500 letrinas instaladas.
— 4 fosas sépticas construidas.
— 1,500 tratamientos de desechos sólidos.
— 75 diagnósticos de salud comunitarios.
— 75 comités de salud organizados.
— 200 juntas de agua organizadas.
— 4 cursos de formación y actualización de promotores de salud.

ÁREAS PRODUCTIVAS

9. La División de Lotería Nacional, continuando con la innovación de los premios en especie, promovió para diciembre de 1988 un sorteo millonario que arroja nuevas perspectivas financieras para la institución en el sentido de poder implementar nuevos proyectos de apoyo social.

   Las metas programadas para la Lotería Mayor y Lotería Menor fueron sobrepasadas en un 4% y un 2% respectivamente. Lo que demuestra un rendimiento no solo en la actividad productiva sino también en el proceso de distribución y en el de captación de fondos que conduce a un mayor apoyo a los programas de gobierno.

10. De igual forma, las ventas en la producción farmacéutica sobrepasaron el millón y medio, abasteciendo sustancialmente el mercado del Ministerio de Salud Pública.

    Actualmente se hacen gestiones para que la División de Productos Farmacéuticos se convierta en amplio abastecedor de distintos mercados del país, lo que permitirá un ahorro de divisas.

SUPLIDORA NACIONAL DE PRODUCTOS BÁSICOS

La comercialización de productos alcanzó este año un volumen de ventas de 6,897.8 miles de lempiras, los que representan un 18.9% del total presupuestado para 1988; este decremento es consecuencia de la delicada situación económica enfrentada por la institución por la falta de capital de trabajo, con mayor repercusión durante los primeros ocho meses del año.

Para dar cumplimiento al programa de ventas, la Suplidora Nacional de Productos Básicos "BANASUPRO", efectuó, durante 1988, compras por la cantidad de 6,139.6 miles de lempiras, las que se efectuaron a través de productores nacionales, compañías distribuidoras y representantes autorizados de marcas internacionales, respetando su exclusividad en ventas.

A consecuencia de la falta de capital de trabajo, la Institución no pudo efectuar las compras normales de productos a comercializar, lo que se revierte en un decremento en el volumen de ventas. A diciembre de 1988, se espera realizar gastos por valor de 9,699.5 miles de lempiras, representando un 24% de lo presupuestado. El ahorro en gastos es del orden de 30,669.2 miles de lempiras, que porcentualmente significan un 76%.

Cabe mencionar que para 1988 el Congreso Nacional no aprobó el presupuesto de "BANASUPRO", viéndose en la necesidad de trabajar en base al presupuesto aprobado para 1986, por un monto de 41,699.1 miles de lempiras, el que fue ajustado en 1,330.4 miles de lempiras en agosto de 1986 por la Secretaría de Hacienda y Crédito Público, a este presupuesto debió aplicarse en acuerdo No. 387-C de julio de 1988, emitido por el presidente de la República, a fin de disminuir los gastos del Sector Público.

En carácter de donación se espera recibir de la Comunidad Económica Europea 600 t.m. de leche en polvo no vitaminada, el que se recibirá en dos lotes y cuya fecha de llegada para el primer lote está prevista para el 25 diciembre de 1988, cabe mencionar que los fondos generados por la comercialización de la leche son depositados en un fondo único que administra el Gobierno Central para el reforzamiento de proyectos específicos de desarrollo agrícola que la Comunidad Económica Europea tiene en el país. "BANASUPRO" actúa únicamente como operador de la importación y comercialización de esta donación, percibiendo una comisión del 8% sobre las ventas netas.

El Gobierno de la República, al conocer la difícil situación de la suplidora otorgó un subsidio de Lps. 750,000, el que fue sometido a la aprobación del Soberano Congreso Nacional de la República.

El Congreso Nacional nombró una comisión que determinaría si la institución debía o no continuar con sus operaciones, concluyendo que la suplidora debería observar las siguientes medidas de carácter inmediato:

1.- El Gobierno, en calidad de subsidio, transfirió a la institución la suma de Lps. 750,000 lempiras, habiendo sido aprobado por el Soberano Congreso Nacional de la República, con la recomendación de que estos fondos fuesen utilizados exclusivamente para gastos de funcionamiento de la suplidora.
2.- La comisión efectuó un análisis financiero que demostró que las deudas de BANASUPRO ascienden a L. 2,683,750.45, desglosados de la siguiente manera:

Deuda negociada	L. 836,819.69
Deuda no negociada	337,592.34
Deuda nueva	853,398.11
Deuda por servicios	610,753.11
Deuda por demandas judiciales	45,187.20
TOTAL	L. 2,683,750.45

Con el propósito de aliviar la situación de morosidad de la suplidora con sus proveedores, la comisión determinó que se adoptaran las siguientes medidas:

a) Que se recuperara por parte de la suplidora la cantidad de L. 1,444,689.37 que corresponden a cuentas por cobrar por faltantes de ex administradores de centros de venta, procediendo judicialmente por la vía de apremio. Este valor representa el 53.8% de la deuda que BANASUPRO mantiene con sus proveedores.

b) Que la suplidora continúe con la comercialización de la leche en polvo donada por la Comunidad Económica Europea, representando un 8% de comisión por su venta, equivalente aproximadamente a 100,000 lempiras, ingreso que actualmente se percibe.

c) La Central de Ingenios, durante el periodo 88-89 (diciembre de 1988) negociará con BANASUPRO la cantidad de 200,000 quintales de azúcar a un precio de Lps. 40,000 por quintal, lo que representa para la suplidora una utilidad de L. 2,000,000.

d) Debido a la escasez imperante de varilla de hierro para la construcción en el mercado nacional y la deuda por energía eléctrica de parte del Gobierno de Nicaragua a la Empresa Nacional de Energía Eléctrica, el Congreso Nacional decidió que la Suplidora Nacional de Productos Básicos comercializara dicha varilla y efectuara los pagos a la ENEE. Esto representa un ingreso en la operación de 1,373,626.40 lempiras aproximadamente.

En cuanto a las medidas de carácter inmediato se han obtenido los siguientes resultados:

1. El Congreso Nacional aprobó un subsidio de Lps. 750,000 lempiras otorgado por el Gobierno Central.

2. La recuperación por faltantes de administradores es mínima, asciende a la cantidad de L. 47,278.04 y que representa el 3.3% del objetivo a alcanzar.

3. La Central de Ingenios concedió a la institución un subsidio de Lps. 600,000 en azúcar, los cuales han sido entregados semanalmente hasta que se alcance la suma de 13,483 quintales de producto.

4. En lo que respecta a la comercialización de la varilla de hierro, BANASUPRO ha importado 14 rastras dejando una utilidad aproximada de L. 46,200.

Por otra parte, en cuanto a la deuda de BANASUPRO que ascendía a Lps. 2,683,750.45, la suplidora, en octubre y noviembre, ha logrado cancelar un 37.9% de la deuda, quedando pendiente un 62.1%, tal como se muestra a continuación:

CONCEPTO	VALOR ANTERIOR	VALOR PAGADO	VALOR ACTUAL
Deuda negociada	836,819.69	238,425.27	598,394.42
Deuda no negociada	337,592.34	45,301.25	292,291.09
Deuda nueva	853,398.11	560,450.39	292,947.72
Deuda por servicio	610,753.11	139,492.15	471,260.96
Deuda por demanda judicial	45,187.20	33,890.40	11,296.80
	L. 2,683,750.45	L. 1,017,559.46	L. 1,666,190.99
	100%	37.9%	62.1%

Dadas las situaciones anteriormente señaladas, la institución ha logrado reactivar sus operaciones en un 51.9% en relación a sus ingresos, que indica que "BANASUPRO" para su fortalecimiento y existencia necesita capital de trabajo.

INSTITUTO HONDUREÑO DE COOPERATIVAS

RESUMEN DE LOS PRINCIPALES LOGROS POR PROGRAMAS DURANTE 1988

1.– Dirección superior:

— La estructuración y montaje operativo del instituto, la selección y contratación del personal durante el primer semestre de 1988 constituye uno de los logros fundamentales de este programa. Así como el traslado de la sede a San Pedro Sula.

— El diseño y aprobación de una metodología esencialmente participativa de formulación de los Planes de Desarrollo Institucional y Nacional Cooperativo, enfilan hacia la definición de la estrategia de desarrollo a largo plazo del cooperativismo hondureño. El desarrollo de talleres y la redacción preliminar del diagnóstico por cada subsector constituye un avance en la aplicación de la metodología que tiene el asentimiento del movimiento cooperativo.

— La organización y funcionamiento del Registro Nacional de Cooperativas de acuerdo al Capítulo IV de la Ley de Cooperativas de Honduras.

2.– Administración y Finanzas:

— El acondicionamiento de las oficinas centrales del instituto en el primer semestre y la dotación del equipo de oficina y todo el apoyo logístico a las diferentes unidades es una de las tareas más importantes cumplidas por la administración.

— La aplicación de un sistema contable confiable y al día.

— La administración de los recursos materiales, financieros y humanos del instituto fue de las principales labores cumplidas.

3.– Desarrollo Cooperativo:

— Esta división ha brindado la asistencia técnica a 60 cooperativas con 6,258 afiliados y ha promovido, montado y desarrollado 73 eventos de capacitación, con un total de 1,825 beneficiarios afiliados a cooperativas.

— Además, se incrementó la asesoría sobre la adaptación de las cooperativas al nuevo marco jurídico.

— La formación del personal de Promoción y Capacitación constituye, en este primer año de labores, una tarea prioritaria para asegurar una eficiente asistencia a las cooperativas.

4.– Auditoría Externa:

— La organización y la implementación del servicio de auditoría con la realización de 44 auditorías a cooperativas, generando por este servicio más de Lps. 190,000. Es un logro significativo, si tomamos en cuenta que esta unidad comenzó a operar plenamente hasta el segundo semestre del año.

CONCLUSIONES Y RECOMENDACIONES

5.– Conclusiones:

— El instituto ha comenzado la formulación de un Plan de Desarrollo Institucional y un Plan Nacional de Desarrollo Cooperativo P.N.D.C., instrumentos considerados clave para la definición de una política estatal clara en el desarrollo, consolidación e integración del cooperativismo hondureño.

Las actividades a las que se les han destinado mayores recursos lo constituyen las de asistencia y capacitación a las cooperativas, rol principal del IHDECOOP.

A pesar de la creación del instituto con el fin de desarrollar y apoyar al sector cooperativo, la asignación de recursos financieros son insuficientes para tener una cobertura que demanda el propósito de rectorar el movimiento cooperativo.

En efecto, en zonas con otra concentración de cooperativas como el Bajo Aguán, aún no se cuenta con una oficina regional.

6.– Recomendaciones:

— La formulación y puesta en marcha del Plan Nacional de Desarrollo Cooperativo requerirá del apoyo del sector público y principalmente del movimiento cooperativo.

— Es imprescindible el apoyo financiero al instituto, principalmente en esta primera etapa de organización y establecimiento, para ofrecer un mejor servicio y ampliar su cobertura a nivel nacional.

— Para asumir íntegramente las funciones en los términos establecidos en la Ley de Cooperativas y evitar la duplicidad en las mismas es recomendable el traspaso de los fondos al Instituto Hondureño de Cooperativas (IHDECOOP), destinados para la promoción, desarrollo y consolidación del cooperativismo asignados a otras instituciones estatales.

COOPERATIVAS LEGALMENTE CONSTITUIDAS
POR SUBSECTORES
1950 a 1988

AÑOS

TIPO DE COOPERATIVAS	1950 a 1959	1960 a 1969	1970 a 1979	1980 a 1988	TOTAL
1. Agropecuarias	9	49	316	355	729
2. Agroforestales	-0-	-0-	8	4	12
3. Ahorro y Crédito	1	129	96	25	251
4. Consumo	2	3	10	-0-	15
5. Industriales	6	8	32	27	73
6. Servicios Múltiples	4	19	43	67	133
7. Transporte	2	10	48	10	70
8. Viviendas	1	8	12	37	58
TOTAL	25	226	565	525	1,341

FUENTE: Planificación y Presupuesto IHDECOOP.

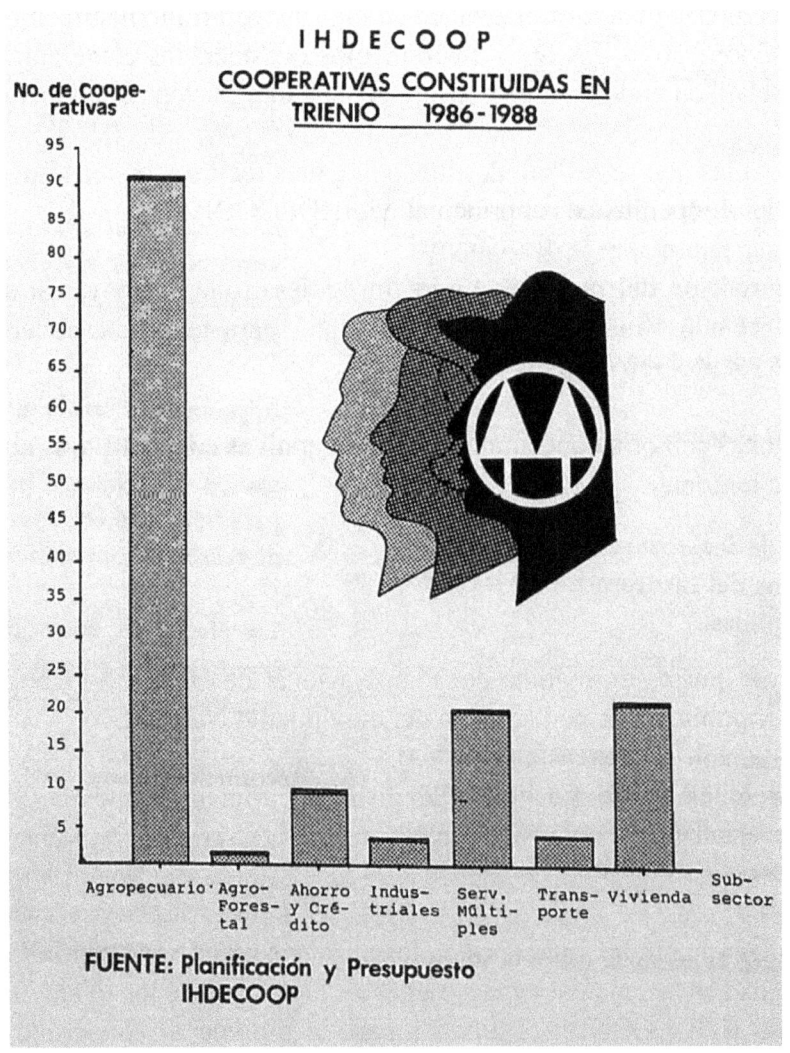

IHDECOOP

COOPERATIVAS CONSTITUIDAS EN TRIENIO 1986-1988

FUENTE: Planificación y Presupuesto IHDECOOP

CRÉDITO PRENDARIO POPULAR

Tomando en cuenta los resultados de 1987, se proyectó el siguiente cuadro de metas y objetivos:

1.– En vista que esta institución ha venido observando, antes de dos años y medio atrás, deficiencia en la seguridad de su información, como son:

— Conservación de documentos;

— Archivos seguros;

— Operaciones ágiles y confiables, etc.

Después de un estudio consciente, se proyectó la compra para 1988 de un centro de cómputo, el que no fue posible adquirirlo a pesar de haber llenado todos los requisitos por la demora ocasionada en la aprobación del Presupuesto por el Soberano Congreso Nacional.

2.– En cuanto a la proyección de la cantidad de créditos o personas a atender, nos vimos obligados a analizar con cuidado el resultado estadístico mensual para proyectar el mes siguiente las cantidades que podíamos prestar según el número de personas, para así decidir el desembolso con base a lo presupuestado al periodo 1987 y no correr el riesgo de infringir la ley en base a lo permitido. También tomamos estos cuidados por la demora antes mencionada.

3.– En los siguientes cuadros planteados, estamos observando un excelente comportamiento en el periodo 1988, comparado también con los buenos resultados de 1987.

4.– Cabe mencionar a nuestro criterio administrativo que, aun al no haber sido aprobado el presupuesto de 1988, Crédito Prendario Popular ha tenido resultados buenos. No dudamos que las medidas tomadas por el Soberano Congreso Nacional han sido de buena fe. Aseguramos que a Crédito Prendario Popular no le ha beneficiado en nada, y le ha ocasionado trastornos delicados.

A continuación, los cuadros que expresan la situación financiera comparativa de los periodos 1987-1988.

En el cuadro 1987 se ve que no todas las metas fueron cumplidas, porque al analizar el año (anterior)1986 encontramos datos falsos (no confiables) que también nos impulsaron a tomar medidas saludables, lográndose establecer la situación real para los procedimientos objetivos del año 1988.

En cuanto al cuadro 1988 coherente a lo antes dicho, expresa una situación excelente en cuanto al ingreso, egreso, utilidades y toda la operación en sí, circunstancial del periodo.

En el cuadro de Metas Financieras Ejecutadas, se presentan las características gráficamente que explican por sí el comportamiento positivo que ha observado la institución durante el periodo 1987-1988.

Em vista de las disposiciones del Acuerdo No. 387-C de fecha 23 de junio de 1988, girado por el Ministro de Hacienda y Crédito Público, respecto a algunas recomendaciones que había que atender con relación al ahorro del periodo, hicimos los esfuerzos posibles por obtener los mejores resultados, aunque esta institución necesita mayor gasto para ser más eficiente su administración.

AHORRO EN LOS GASTOS CORRIENTES POR OBJETIVO DEL GASTO (En miles de lempiras)	
	TOTAL AHORRO 1988
Servicios Personales	Lps. 19.9
Servicios no Personales	Lps. 57.5
Materiales y Suministros	Lps. 14.6
Transferencias	Lps. 1.6
TOTAL AHORRADO	Lps. 93.6

Este ahorro representa el 18% de los gastos corrientes según presupuesto de 1987, superando las recomendaciones del Excelentísimo señor presidente de la República, según acuerdo antes mencionado.

CUADRO 1987 (En miles de lempiras)				
Metas y Objetivos	METAS			
Unidad de Medida	METAS FÍSICAS		METAS FINANCIERAS	
	Programadas	Ejecutadas	Programadas	Ejecutadas
Préstamos	110,500	78,625	6,120	4,726.1
Ingresos de Bienes y Servicios			884.5	932.2
Gastos Corrientes			583.2	453.4
UNIDAD NETA			301.3	478.8

CUADRO 1988 (En miles de lempiras)				
Metas y Objetivos	**METAS**			
Unidad de Medida	**METAS FÍSICAS**		**METAS FINANCIERAS**	
	Programadas	**Ejecutadas**	**Programadas**	**Ejecutadas**
Préstamos	110,500	80,000	6,120	5,000
Ingresos de Bienes y Servicios			884.5	923.5
Gastos Corrientes			583.2	399
UNIDAD NETA			301.3	524.5

COMISIÓN NACIONAL PROINSTALACIONES DEPORTIVAS Y MEJORAMIENTO DEL DEPORTE

Durante 1988, la CONAPID realizó las siguientes actividades:

DEPARTAMENTO DE ATLÁNTIDA:

La Ceiba   Gimnasio "**JOSÉ S. AZCONA**"
Contribución de Lps. 100,000 para la construcción de dicho gimnasio.

DEPARTAMENTO DE COMAYAGUA:

Comunidad de Talaubé: Contribución de cancha de baloncesto.

DEPARTAMENTO DE EL PARAÍSO:

1. Comunidad de Juticalpa: Construcción del Estadio de Fútbol **"RODRIGO CASTILLO AGUILAR".**

2. Ciudad de Danlí:
   a) Mejoramiento Estadio de Fútbol **"MARCELO TINOCO".**

   b) Construcción cancha de baloncesto en la colonia **"RAMON VILLEDA MORALES".**

DEPARTAMENTO DE FRANCISCO MORAZÁN:

1. Tegucigalpa:

   a) Mejoramiento Estadio Nacional.

      — Reparación fosa de salto de agua; nivelación y corrección de pendiente de carriles; reparación pista de salto largo; instalación del sello asfáltico emulsificado de la pista atlética; construcción de bordillos de la pista atlética.

      — Construcción de dos urinarios para hombres en los sectores de Sombra Norte y Sombra Sur.

      — Construcción de servicios sanitarios para damas y caballeros en el sector Sombra Sur.

      — Instalación de tubería PVC de 6 pulgadas para drenaje de 18 metros lineales; resane de pisos; reconstrucción de cuneta de concreto y parrilla, 6 metros lineales.

      — Aforo para determinar la capacidad de la instalación deportiva.

— Construcción de pared de concreto para dividir los sectores de Sol Sur con Sombra Sur.

— Reparación de cables y tubería subterránea, sellado de tapaderas de las cajas.

— Revisión del sistema de alumbrado subterráneo de alta tensión que alimenta la subestación; porta fusibles, conos de alivio, mecanismo interno y aislamiento del panel general; prueba de aceite de los transformadores; cambio del cable subterráneo en corto circuito.

— Reparaciones del local que ocupa la FENAFUTH.

— Construcción de servicios sanitarios para damas y caballeros en la Cafetería Gol.

— Engramado del área de juego y medias lunas.

— Ampliación de la pista atlética y recubrimiento de carpeta sintética para cubrir los carriles 1 y 2.

— Reparación de 18 unidades sanitarias y de alumbrado eléctrico.

— Instalación y restauración general de luminarias de las torres; rectificación y verificación de direccional y angular de 96 luminarias.

— Reparación pista de salto y pértiga.

— Construcción de puerta de hierro para proteger los transformadores del sector Sombra Sur.

— Construcción de taquilla en Sombra Sur 2.8 metros por 2 metros.

— Reparación pista atlética con Track Filler, retoque general de carriles y marcas especiales.

— Construcción de divisiones en servicios sanitarios, pared y portón metálico.

— Construcción del local donde opera la Clínica Médica del Deportista.

— Construcción de urinario para hombres en el sector Sol Este.

— Construcción de pared frontal del cuarto del sistema eléctrico. 32.5 metros cuadrados.

— Reparación general de tarimas para masajes y bancos de los camerinos.

— Demolición, resane de un cerco en Sombra Sur; fundición de acera de concreto de 10 centímetros de espesor (28 metros cuadrados); ampliación del acceso del portón principal hacia el área de juego; fundición de columnas de concreto de 30 por 30 centímetros; 18 metros lineales, limpieza general y resane de la pista atlética (400 metros cuadrados); aplicación del primer tratamiento de asfalto emulsificado en proporción de dos a uno (400 metros cuadrados).

— Impermeabilización de las curvas de la pista atlética, en sectores Norte y Sur; construcción de paso entre las graderías del Sol Sur y la entrada principal; construcción de 6 parrillas metálicas; construcción de un portón; demarcación total de los carriles de la pista atlética, así como su nivelación.

— Reparaciones generales.

b) Mejoramiento Parque de Pelota Lempira Reina.

— Pintura muro exterior.

— Reparación de conectores; torres; instalación de tableros de dos espacios; reparación general del sistema eléctrico y sanitarios.

c) Mejoramiento Piscina Olímpica.

— Cimentación de muros (69 metros lineales); construcción de gradas (90 metros cuadrados); construcción de drenaje subterráneo (24 metros lineales); repello, pulido e impermeabilización de un muro (60 metros cuadrados); aterrado, compactado y engranado para área verde (80 metros cuadrados); relleno (24 metros cúbicos); muro de contención (10 metros lineales)

— Reparación de tuberías y accesorios en el cuarto de válvulas y filtros; construcción y ampliación de las cajas de registro para evacuar el agua.

— Instalación de 20 metros lineales de tubería de drenaje.

— Impermeabilización del cuarto de bombas.

d) Mejoramiento Gimnasio Rubén Callejas Valentine.

— Instalación del sistema de iluminación.

— Impermeabilización de juntas entre pared y techo; cumbrera; juntas entre estructura y techo. Se utilizó pasta y papel asfáltico.

— Reparación del techo y aplicación de pintura color rojo Hondulit a dos manos.

e) Cancha de Béisbol Menor CONAPID-GIGANTES.

— Levantamiento topográfico para determinar áreas y colindancias del terreno; ubicación de cancha de juego; cercos y cuneta para control de aguas de lluvias.

— Construcción del sistema de drenaje tipo francés; construcción de una línea de agua potable y cerco de malla ciclón alrededor del campo.

f) Construcción Cancha de Baloncesto **"JOSÉ S. AZCONA"** en la Colonia El Hogar.

g) Cancha Baloncesto Colonia Zapote Norte.

— Construcción de un cerco de malla ciclón.

h) Reparación Cancha de Baloncesto en la aldea Los Pinos.

i) Reparación Pequeña Cancha de Baloncesto de Miraflores Sur.

j) Mejoramiento Cancha de Fútbol IHCAFE-FENAFUTH.

k) Construcción Cancha de Baloncesto en el Hospital Neuro Psiquiátrico **"MARIO MENDOZA".**

l) Donación parales a las colonias Estados Unidos, La Laguna y Campo Motagua.

m) Donación portones a la J.N.B.S.

3. Aldea Trinidad de Quebradas: Compra de un terreno para cancha de Fútbol.

4. Comunidad de Talanga: Reparación de cancha de baloncesto.

DEPARTAMENTO DE YORO:

1. El Progreso:

Mejoramiento Gimnasio Progreseño

— Impermeabilización de losa que sirve de techo a camerinos y sanitarios; instalación de 183 láminas de asbesto; construcción de acera para evitar la filtración de agua y que sirve para circulación peatonal (112 metros cuadrados).

— Reparación de la estructura metálica del lado sur; construcción de 20 vigas tipo Jois para reforzar los aleros de los lados norte y sur; pintado de portones con pintura anticorrosiva.

— Pintura general de bodegas, barandales, puertas, torres metálicas y tableros; limpieza general de techos y estructura metálica.

— Instalación del sistema de iluminación.

DONACIONES:

a) Selección U-16   Lps. 50,000.

b) Federación Atletismo   Lps. 5,000.

c) Federación de Volibol   Lps. 3,000.

d) Federación de Béisbol   Lps. 5,040.

e) FENAFUTH   Lps. 5,445.82.

f) Club Olimpia (1° de mayo, Día del Trabajo)   Lps. 10,000.

g) Implementos Deportivos   Lps. 64,623.93.

h) Estadio de Catacamas (material cemento)   Lps. 8,471.61.

Durante 1988 la CONAPID en construcción; mejoramiento de instalaciones deportivas; donaciones; compra de implementos deportivos, químicos, material y equipo; invirtió la cantidad de L. 719.188.17.

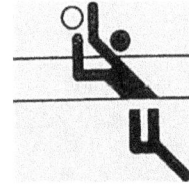
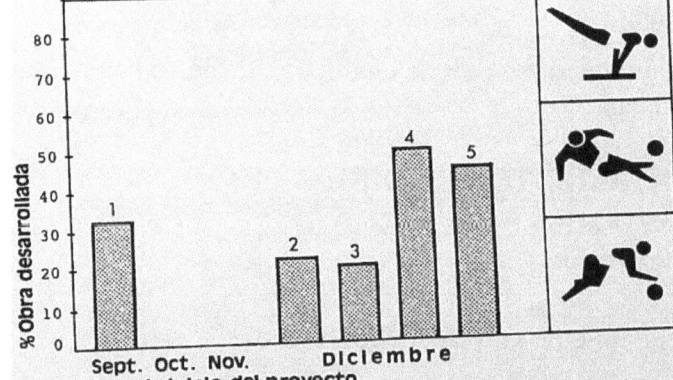

Para incrementar la práctica del deporte en todo el país, el Gobierno construye instalaciones deportivas. Aquí el proyecto del Gimnasio "José Azcona H.", en La Ceiba, Atlántida.

INSTITUTO HONDUREÑO DE ANTROPOLOGÍA E HISTORIA

Las actividades más importantes en los campos de investigación, conservación y divulgación del Instituto de Antropología e Historia fueron, durante 1988, las siguientes:

I.- INVESTIGACIÓN

A. Etnología

— Colaborar en la edición de las revistas Yaxkin y Estudios Antropológicos e Históricos.

— Asesoría en asuntos relativos a los grupos étnicos del país, tanto en los aspectos de su protección legal como de investigación.

B. Arqueología

— Recorrido arqueológico y etnográfico de Santiago de Posta (con fondos de la ENEE).

— Ejecución o administración de los siguientes proyectos de arqueología:

o Proyecto de Salvamento Arqueológico El Cajón.

o Proyecto de Salvamento Arqueológico Valle de Sula.

o Proyecto de Rescate Arqueológico y Parque Villanueva.

o Proyecto Arqueológico La Entrada Copán, conjunto con la Misión Japonesa.

o Proyecto de Investigación Arqueológica y Restauración de Copán (fondos AID).

C. Historia

— Sinopsis histórica sobre el correo en Honduras.

— Elaboración del Proyecto de Investigación Histórica sobre documentación de los bienes históricos-culturales de Honduras; edificios civiles, eclesiásticos y militares.

— Apoyo en la elaboración de cédulas históricas para el montaje museográfico en la Fortaleza de San Fernando de Omoa, Siglo XVIII.

— Conclusión histórica El Convento Mercedario de Las Minas de Tegucigalpa.

II.- CONSERVACIÓN

A. Protección y Defensa

— Se dio una entrevista televisiva sobre el rescate de piezas arqueológicas en los Estados Unidos.

— Inspección del sitio arqueológico Santa Catarina.

— Se recabó información en Comayagua sobre la capa sacerdotal robada del Museo de Arte Religioso en 1981.

— Se hizo entrega al señor alcalde de Cedros de los inventarios y fichas de registro de las colecciones depositadas en la Iglesia Católica.

— Se constato en Chiquimula, Guatemala, los objetos decomisados pertenecientes a la Iglesia La Merced de Comayagua.

— Elaboración glosarios de arte colonial con sus respectivas ilustraciones.

B. Restauración

1. Restauración y remodelación de los edificios históricos.

— Fortaleza San Fernando de Omoa, Proyecto No. 1, etapa (bóvedas 5 7 6).

— Fortaleza San Cristóbal-Proyecto No. 36, Gracias, Lempira.

— Museo Regional de Comayagua, Proyecto No. 28 III Etapa.

— Asesoría técnica en la restauración del Correo Nacional.

— Asesoría técnica en la restauración de parques e iglesias de varias ciudades del país.

— Asesoría técnica en el estudio de conservación, restauración y remodelación del Teatro Nacional Manuel Bonilla.

III.- DIVULGACIÓN

A. Publicaciones

— Publicación del folleto Florencio Xatruch, defensor de la soberanía centroamericana.

— Publicación de la Guía Histórica Turística de la ciudad de Trujillo.
— Publicación Guía Histórica-Turística de las comunidades de Santa Lucía, Valle de Ángeles y San Juancito.

— Publicación Revista Yaxkin, Vol. II, No. órgano de divulgación del I.H.A.H.

B. Conferencias y Seminarios

— Se realizaron un sinnúmero de conferencias, charlas y seminarios durante todo el año, sobre Arqueología, Restauración y Defensa del Patrimonio Cultural.

C. Museo y Exhibiciones

— Adecuación y montaje del Museo de Comayagua.

— Exposición Florencio Xatruch, defensor de la soberanía centroamericana. Estudios de iluminación, conservación, pintura, diseños gráficos y mapas.

— Montaje Exposición Temporal de Arte Colonial Religioso de Tegucigalpa.

— Colaboración en la realización de la exposición con motivo de la llegada de los pliegos de Independencia de Centroamérica.

IV.- OTRAS ACTIVIDADES

— Participación de una parte del personal que labora en el Departamento de Museos, en el curso de TV Circuito Cerrado.

— Participación de empleados en el curso de inglés concedido por IHAH y USIS e impartido por IHCI.

— Trabajos efectuados en las ruinas de Copán, por el Instituto Geográfico Nacional, sobre fotogrametría aplicada para el estudio y conservación de la escultura.

— Elaboración de una guía (folleto) para el Museo Arqueológico de La Entrada, Copán.

— Participación en el análisis del Proyecto de Desarrollo de la cuenca del Río Copán y Protección del Parque Arqueológico.

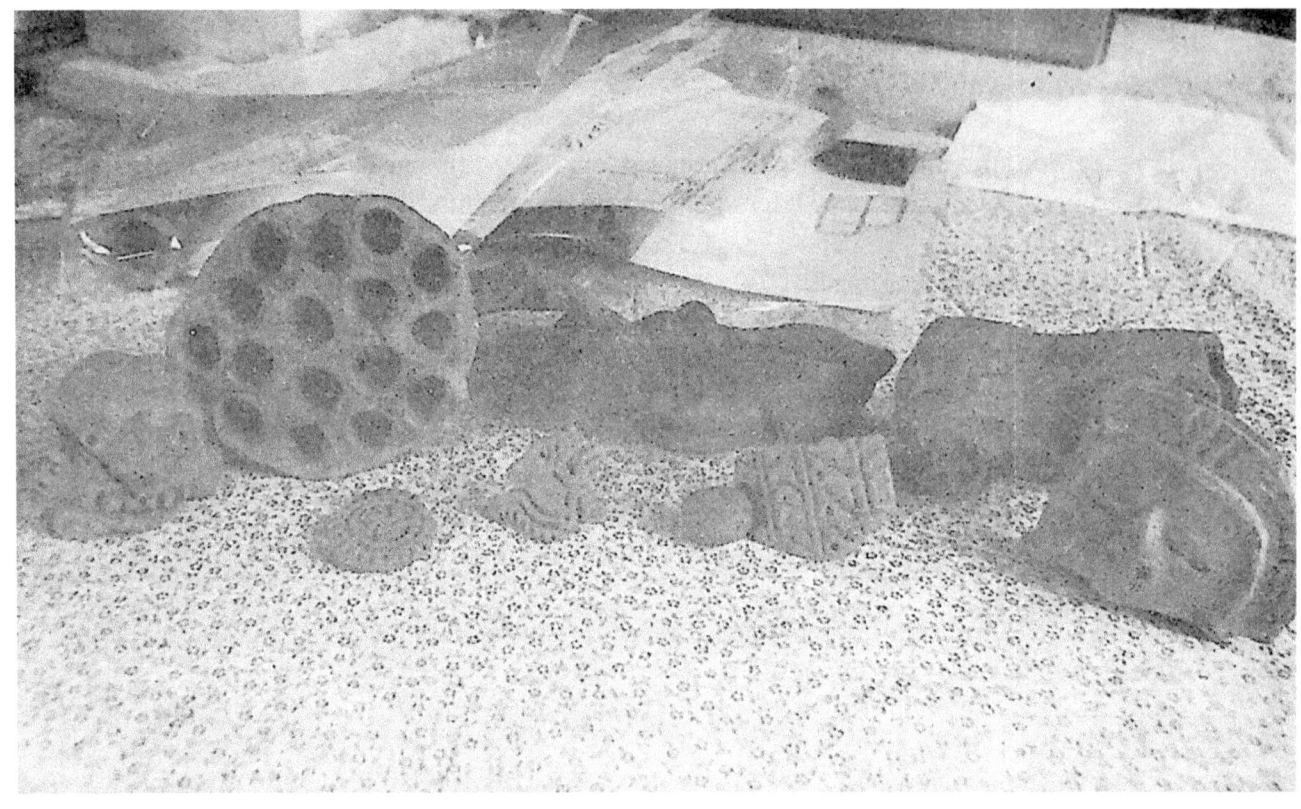

Excavaciones arqueológicas en el Valle de Naco, La Sierra y Santo Domingo, realizadas por el Instituto Hondureño de Antropología e Historia en su lucha por rescatar el patrimonio cultural del pueblo.

CORPORACIÓN FORESTAL INDUSTRIA DE OLANCHO

En 1988 se realizó un aprovechamiento del bosque en 105,721 m³ de madera de pino en rollo.

CORFINO también logró una producción total de madera aserrada de 22,265,898 pies tablares de las siguientes calidades.

CALIDADES DE MADERA	P.T.
Grado	6,322,512
Común y Mejor	13,568,257
Tercera	708,267
Timber Común y Mejor	1,135,554
Timber Japón	384,768
Timber Merchandable	146,540
TOTAL PRODUCCIÓN	22,265,898

De subproductos (palillos) se produjeron 1,517,970 pies tablares.

De la producción total se vendieron en el mercado internacional 17,463,300 pies tablares por US$ 7,030,850, divisas que fueron depositadas íntegramente en el Banco Central de Honduras.

En el mercado local se vendieron 2,828,100 pies tablares de madera aserrada por un valor de L. 1,490,400.

La madera de grado fue colocada en los mercados del Japón y Europa, la madera común y mejor en el mercado del Caribe.

La corporación, durante 1988, mantuvo el ritmo de sus operaciones con los ingresos del proceso productivo.

Durante este periodo no se terminó ni se inició alguna obra o proyecto de infraestructura.

CORFINO, durante su existencia, con sus obras de infraestructura, contribuyó al desarrollo de esta zona, en la actualidad entre empleados permanentes y contratistas mantiene un promedio de 500, de los cuales dependen gran número de familias.

Para el año 1989 se espera mejorar en el desarrollo del proyecto de la corporación.

CORPORACIÓN HONDUREÑA DEL BANANO

La Corporación Hondureña del Banano (COHBANA), durante 1988 obtuvo los siguientes logros:

ÁREA TÉCNICO-AGRÍCOLA

— Supervisión y actualización de las prácticas agrícolas y de control de calidad en la Compañía Bananera Hondureña S.A. (COBAHSA).

— Supervisión de las prácticas agrícolas y de control de calidad en la Cooperativa Santa Inés en el Valle del Aguán.

— Supervisión y cuantificación de los daños ocasionados por fenómenos naturales a fincas propiedad de la Tela Railroad Company, de productores independientes del Valle de Sula y de Empresa Asociativa Campesina de Isletas (E.A.C.I.).

— Asesoramiento a Cooperativas del Valle del Aguán y del Valle de Sula interesadas en sembrar bananos.

— Los proyectos directamente relacionados con la corporación, incrementaron el área de cultivo en 323 acres y la producción en 185,578 cajas. Este volumen representa un ingreso adicional de divisas para el país, por el orden de US$ 510,300; así como de L. 185,578 por concepto de impuestos de exportación.

ÁREA ADMINISTRATIVA CONTABLE

— Participación en la elaboración del estudio tendente a la readecuación de la deuda de la Empresa Asociativa Campesina de Isletas (E.A.C.I.) con la Corporación Hondureña del Banano (COHBANA).

— Asesoramiento a la Compañía Bananera Hondureña, S.A. (COBAHSA) y la Cooperativa Santa Inés, para la obtención de créditos bancarios destinados al mejoramiento de sus plantaciones y a solucionar problemas operativos.

ÁREA DE COMERCIALIZACIÓN

— Participación en la negociación de un nuevo contrato de compra venta de fruta entre la Empresa Asociativa Campesina de Isletas (E.A.C.I.) y la Standard Fruit Company, mediante el cual se logró un incremento al precio por caja que significa ingresos adicionales de aproximadamente L. 1,700 anuales para la asociativa; así como la realización de obras de infraestructura en la plantación por monto de L. 85 millones en el término de dos años.

— Participación en la negociación de un nuevo contrato de compra venta de fruta entre la Compañía Bananera Hondureña, S.A. (COBAHSA) y la Tela Railroad Company, mediante el cual se logró un incremento al precio por caja, así como la inversión de L. 4.5 millones en el mejoramiento de la plantación, instalación y ampliación del cable-vía, ampliación y mejoramiento de la empacadora, compra de equipo y materiales, mejoramiento y ampliación del sistema de drenaje y cambio del sistema de riego por aspersión a riego sub foliar.

ÍNDICE

www.ingramcontent.com/pod-product-compliance
Lightning Source LLC
Chambersburg PA
CBHW082145120626
46553CB00010B/2772